"十二五"国家重点图书出版规划项目

文化系列

武汉四中史话

A Brief History of Wuhan No.4 High School

朱天元　王先海　编著

社会科学文献出版社
SOCIAL SCIENCES ACADEMIC PRESS (CHINA)

《中国史话》编辑委员会

主　　任　陈奎元

副 主 任　武　寅　高　翔　晋保平　谢寿光

委　　员　（以姓氏笔画为序）

　　　　　　卜宪群　马　敏　王　正　王　巍
　　　　　　王子今　王建朗　邓小南　付崇兰
　　　　　　刘庆柱　刘跃进　孙家洲　李国强
　　　　　　张国刚　张顺洪　张海鹏　陈支平
　　　　　　陈春声　陈祖武　陈谦平　林甘泉
　　　　　　卓新平　耿云志　徐思彦　高世瑜
　　　　　　黄朴民　康保成

秘 书 长　胡鹏光　杨　群

副秘书长　宋月华　薛增朝　黄　丹　谢　安

《武汉四中史话》编辑委员会

主　　任　朱天元　梁前龙

成　　员　王伶俐　胡　斌　陈　宁　王先海
　　　　　徐其恩　陈正时　陈宗旺　高海英
　　　　　官剑琴　王晓明　张明胜

主　　编　朱天元　王先海

撰 稿 人　沙　月　王先海　陈宗旺　王晓明
　　　　　张明胜　官剑琴

审　　订　许定璜　秦光鼎

总　序

　　中国是一个有着悠久文化历史的古老国度，从传说中的三皇五帝到中华人民共和国的建立，生活在这片土地上的人们从来都没有停止过探寻、创造的脚步。长沙马王堆出土的轻若烟雾、薄如蝉翼的素纱衣向世人昭示着古人在丝绸纺织、制作方面所达到的高度；敦煌莫高窟近五百个洞窟中的两千多尊彩塑雕像和大量的彩绘壁画又向世人显示了古人在雕塑和绘画方面所取得的成绩；还有青铜器、唐三彩、园林建筑、宫殿建筑，以及书法、诗歌、茶道、中医等物质与非物质文化遗产，它们无不向世人展示了中华五千年文化的灿烂与辉煌，展示了中国这一古老国度的魅力与绚烂。这是一份宝贵的遗产，值得我们每一位炎黄子孙珍视。

　　历史不会永远眷顾任何一个民族或一个国家，当世界进入近代之时，曾经一千多年雄踞世界发展高峰的古老中国，从巅峰跌落。1840年鸦片战争的炮声打破了清帝国"天朝上国"的迷梦，从此中国沦为被列强宰割的羔羊。一个个不平等条约的签订，不仅使中国大量的白银外流，更使中国的领土一步步被列强侵占，国库亏空，民不聊生。东方古国曾经拥有的辉煌，也随着西方列强坚船利炮的轰击而烟消云散，中国一步步堕入了半殖民地的深渊。不甘屈服的中国人民也由此开始了救国救民、富国图强的抗争之路。从洋务运动到维新变法，从太平天国到辛亥革命，从五四运动到中国共产党领导的新民主主义革命，中国人民屡败屡战，终于认识到了"只有社会主义才能救中国，只有社会主义才能发展中国"这一道理。中国共产党领导中国人民推倒三座大山，建立了新中国，从此饱受屈辱与践踏的中国人民站起来了。古老的中国焕发出新的生机与活力，摆脱了任人宰割与欺侮的历史，屹立于世界民族之林。每一位中华儿女应当了解中华民族数千年的文明史，也应当牢记鸦片战争以来一百多年民族屈辱的历史。

当我们步入全球化大潮的21世纪，信息技术革命迅猛发展，地区之间的交流壁垒被互联网之类的新兴交流工具所打破，世界的多元性展示在世人面前。世界上任何一个区域都不可避免地存在着两种以上文化的交汇与碰撞，但不可否认的是，近些年来，随着市场经济的大潮，西方文化扑面而来，有些人唯西方为时尚，把民族的传统丢在一边。大批年轻人甚至比西方人还热衷于圣诞节、情人节与洋快餐，对我国各民族的重大节日以及中国历史的基本知识却茫然无知，这是中华民族实现复兴大业中的重大忧患。

中国之所以为中国，中华民族之所以历数千年而不分离，根基就在于五千年来一脉相传的中华文明。如果丢弃了千百年来一脉相承的文化，任凭外来文化随意浸染，很难设想13亿中国人到哪里去寻找民族向心力和凝聚力。在推进社会主义现代化、实现民族复兴的伟大事业中，大力弘扬优秀的中华民族文化和民族精神，弘扬中华文化的爱国主义传统和民族自尊意识，在建设中国特色社会主义的进程中，构建具有中国特色的文化价值体系，光大中华民族的优秀传统文化是一件任重而道远的事业。

当前，我国进入了经济体制深刻变革、社会结构深刻变动、利益格局深刻调整、思想观念深刻变化的新的历史时期。面对新的历史任务和来自各方的新挑战，全党和全国人民都需要学习和把握社会主义核心价值体系，进一步形成全社会共同的理想信念和道德规范，打牢全党全国各族人民团结奋斗的思想道德基础，形成全民族奋发向上的精神力量，这是我们建设社会主义和谐社会的思想保证。中国社会科学院作为国家社会科学研究的机构，有责任为此作出贡献。我们在编写出版《中华文明史话》与《百年中国史话》的基础上，组织院内外各研究领域的专家，融合近年来的最新研究，编辑出版大型历史知识系列丛书——《中国史话》，其目的就在于为广大人民群众尤其是青少年提供一套较为完整、准确地介绍中国历史和传统文化的普及类系列丛书，从而使生活在信息时代的人们尤其是青少年能够了解自己祖先的历史，在东西南北文化的交流中由知己到知彼，善于取人之长补己之短，在中国与世界各国愈来愈深的文化交融中，保持自己的本色与特色，将中华民族自强不息、厚德载物的精神永远发扬下去。

《中国史话》系列丛书首批计200种，每种10万字左右，主要从政治、经济、文化、军事、哲学、艺术、科技、饮食、服饰、交通、建筑等各个方面介绍了从古至今数千年来中华文明发展和变迁的历史。这些历史不仅展现了中华五千年文化的辉煌，展现了先民的智慧与创造精神，而且展现了中国人民的不屈与抗争精神。我们衷心地希望这套普及历史知识的丛书对广大人民群众进一步了解中华民族的优秀文化传统，增强民族自尊心和自豪感发挥应有的作用，鼓舞广大人民群众特别是新一代的劳动者和建设者在建设中国特色社会主义的道路上不断阔步前进，为我们祖国美好的未来贡献更大的力量。

陈奎元

2011年4月

出版说明

自古至今，始终坚持不懈地从漫长的文明进程中不断总结历史经验教训，从中汲取有益营养，从而培植广阔的历史视野，并具有浓厚的历史意识，这是我们中国文化独有的鲜明特征，中华民族亦因此而以悠久的"重史"传统著称于世。在整个人类文明史上独一无二、系统完备的"二十四史"即证明了这一点。

中华人民共和国成立后，历史知识普及工作被放到十分重要的位置。20世纪五六十年代，著名历史学家吴晗主持编写的《中国历史小丛书》，90年代中国社会科学院院长胡绳组织编写的《中华文明史话》和《百年中国史话》，成为"大家小书"的典范，而后两套历史知识普及丛书正是《中国史话》之缘起。

2010年年初，为切实贯彻中央关于"做好历史知识普及工作"的指示精神，同时也为了更好地弘扬中国传统文化，我们对《中华文明史话》和《百年中国史话》

两套丛书的内容进行了修订和增补，重新设计框架，以"中国史话"为丛书名出版。第十一届全国政协副主席、时任中国社会科学院院长陈奎元亲任《中国史话》一期编委会主任，时任中国社会科学院副院长武寅任编委会副主任。正是有了各级领导的关心支持和诸多学术名家的积极参与，《中国史话》一期200种图书得以顺利出版，并广受好评。

《中国史话》丛书的诞生，为历史知识普及传播途径的发展成熟，提供了一种卓具新意的形式。这种形式具有以通俗表述、适中篇幅和专题形式展现可靠历史知识的特征。通俗、可靠、适中、专题，是史话作品缺一不可的要素，也是区别于其他所有研究专著、稗官野史、小说演义类历史读物的独有特征。

囿于当时条件，《中国史话》一期的出版形式不尽如人意，其内容更有可以拓展的广阔空间，为此2013年4月我们启动了《中国史话》二期出版工作。《中国史话》二期分为经济、政治、文化、社会和生态五大系列，拟对中国各区域、各行业、各民族等的发展历史予以全方位介绍。我们并将在适当时机，启动《世界史话》的出版工作。史话总规模将达数千种。

我们愿携手海内外专家学者，将《中国史话》《世界史话》打造成以现代意识展现全部人类历史和人类文明，集学术性、知识性、趣味性于一体的"万有文库"；并将承载如此丰厚内容的史话体写作与出版努力锻造成新时期独具特色的出版形态。

希望史话丛书能在形塑民族历史记忆、汲取人类文明精华、培育现代国民方面有所贡献，并为广大读者所喜爱。

史话编辑部
2014年6月

目录
Contents

序 ··· 1

一 **跨越三个世纪** ··· 1
  1. 初创时期（1899~1928） ·························· 1
  2. 鼎盛博学（1928~1937） ························ 11
  3. 避难西迁（1937~1946） ························ 16
  4. 筚路蓝缕（1946~1952） ························ 25
  5. 改制四中（1952~1966） ························ 29
  6. 十年浩劫（1966~1976） ························ 48
  7. 契机发展（1977~2003） ························ 51
  8. 突飞猛进（2003年至今） ······················ 59

二 **厚重博学** ··· 75
  1. 以人为本的校园文化 ····························· 75

2. 特色鲜明的育人文化 ………………………… 92
　　3. 独具魅力的校友文化 ………………………… 101
　　4. 群星璀璨的英才文化 ………………………… 107

附　录 …………………………………………………… 143
　　附录一　武汉四中·博学中学历任校长（院长）…… 143
　　附录二　袁隆平对母校汉口博学中学
　　　　　　（现武汉四中）的回忆 ………………… 144
　　附录三　校友总会赠予袁隆平的书法作品
　　　　　　——《隆平赋》 ……………………… 149
　　附录四　博学·博仁·博爱之源…………………… 150

序

　　大型系列文化丛书《中国史话》旨在弘扬传承百年名校的历史文化，我校作为百年名校之一，忝列其中。作为《武汉四中史话》的编委会主任，我颇为欣慰，倍感传承使命之重。

　　武汉四中·博学中学前身是英国基督教伦敦会创办的博学书院，始创于1899年。创校之初即提出"勤朴博学"的校训，旨在勖勉师生既要有勤奋朴实的治学精神，又要有广泛涉猎文史、理工、自然、外文、体育、艺术等知识的兴趣和能力。

　　百十年来，学校虽遭日寇八年蹂躏和"文革"十年浩劫，但教学器材、书籍报刊和档案资料幸能保存，得益于一代代的学子和教职员工，秉承先师"勤朴博学"的遗训，行化雨之春风，健自强之远志，情愫于斯，才智于斯。

　　百十年来，尤其是改革开放30余年来，学校的办学理念由"学有所长"延伸为"开放创新，个性发展"。学校的育人环境日益和谐，教学设施日臻完善。学校坚持素质教育，提升育人质量；注重科研兴校，实现专业化、多元化发展；注重特色创新，打造名校品牌。业绩显著，声名鹊起。

百十年来，学校人才辈出，正可谓人杰地灵，俊采星驰。从这里走出了"世界杂交水稻之父"袁隆平、返回式卫星总设计师林华宝、外交部常务副部长浦寿昌、中国中东特使孙必干、农业部副部长杨显东、神舟飞船测控总指挥陈长贵、国家一级演员何祚欢、赛艇世界冠军刘卫平、全国首届运动会百米冠军李必华等，走出了数以千计的科学家、政治家、外交家、军事家、文学家、艺术家、医学家和体育健将。仅在北京大学、清华大学、武汉大学、华中科技大学任教的知名教授就有100多位是武汉四中·博学中学的校友，他们是武汉四中的骄傲和自豪，也是武汉四中辉煌校史的亮点！

本着对历史负责的精神，在编撰史话期间，学校先后多次召开党政联席会议，研究确定撰写的主旨、内容、范围等，并对书稿反复审阅，以期与时俱进，以史为鉴，温故知新，感恩先贤，激励来者。

《武汉四中史话》是弘扬传承中华百年名校历史文化的形象载体，是本校广大师生及历届校友系统、全面地了解我校历史文化的普及读物；同时，本书也有助于社会各界清晰地了解我校的历史文化；更有助于我校新生从踏进武汉四中·博学中学之日起就树立"知我校史，成就梦想"的理念。本书的编辑出版，可以说功在当代，惠及后代！

本书付印前，承蒙《中国史话》编撰委员会专家学者惠予审阅、悉心指导，在此，谨致深切的感谢！

武汉四中校长　朱天元

一　跨越三个世纪

1　初创时期（1899～1928）

钟声悠悠，树影婆娑，鸟语花香，优美的环境、恢宏的行政大楼、宽敞的教学大楼、现代化的实验大楼，是武汉四中给人的第一印象。

"美丽的校园、人才的摇篮"，这是人们了解武汉四中后的由衷感慨！

博学书院是武汉四中的前身，清光绪二十五年（1899）由英国基督教伦敦会牧师杨格非创办，其英文校名为杨格非学院（Griffith John College）。从博学书院（1899～1928）到博学中学（1928～1952），再到武汉四中，学校跨越了3个世纪，积淀了深厚的文化底蕴，蕴含了质朴的人文精神，取得了丰硕的教育成果。

第二次鸦片战争后，清政府签订了《天津条约》，增开汉口等10处城市为通商口岸。与此同时，在华开办的教会学校急剧增长。1871年，武汉创设了第一所文华书院（美国圣公会，武昌），随后相继创办了博文中学（英国循道会，武昌）和博学书院（英国基督教伦敦会，汉口）。

张之洞督鄂18年间，大力推行"湖北新政"，把武汉推到了中国近代化的前沿，为博学书院的诞生提供了良好的社会环境。

博学书院的诞生，是西学东渐的产物，是"中体西用"的结果。博学书院自诞生起，就直接同近代文明接轨，深受近代科学、理性和人文思想的洗礼。它的兴衰和国家民族的命运紧密联系在一起，成为国运兴替的一个符号、一种记忆。

博学书院的旧址在汉口后花楼街居巷（今花楼街交通巷），创办人是职业传教士杨格非牧师，第一任院长是马辅仁牧师（英国牛津大学毕业）。1899～1928年，共计六届校长全部由英国人担任，校长们的学位之高、能力之强、管理之善，可圈可点。学校刚创办时，只有小学和中学两部，学生很少，后来学校增设了师范和大学预科，生源增多，校舍渐显狭小。

清光绪三十三年（1907），基督教伦敦会借杨格非牧师来华传教50周年纪念之机，决定募建新校舍。伦敦基督教牧师李家兴先生（湖北孝感人）捐资1800串钱，马辅仁牧师购买了汉口韩家墩处李姓土地200余亩，杨格非牧师协助马辅仁牧师筹建新校舍。

1908年，博学书院由汉口后花楼街迁至当时名为"汉皋"的新址，即武汉四中·博学中学现址。

博学书院新校舍是典型的花园式教会学校建筑风格，气势非凡，在全国首屈一指。古老的校门坐西向东，校内耸立着古朴的钟楼，悠扬的钟声响彻周边郊野田园。学校被半堵围墙环抱，牌楼式的校门，四角飞檐，红墙黄瓦。气势雄伟，巍峨壮观。伫立门首，东郊风光，尽收眼底；黄昏后，郊野校园更显幽深、宁静。大门通向钟楼总堂（教学楼），二者相距200余米，高杨夹道，葱郁茂密，形成一道绿色长廊。长廊两旁，有3个足球场，球场上绿草如茵，置身其间，深感人与自然的融合。博学新园，主次分明，以总堂钟楼为主轴，其右乒乓室、图书室、尖塔耸天的教堂（魏氏纪念堂）及三幢西式住宅洋房一字排开；其左健身房、网球场、过道楼房毗连相依。背后是游泳池、发电房和汲水楼。学校后半部分为教员住宅，建有花圃凉亭，校园后方小桥跨涧，广袤田畴，贯通它们的水渠和池塘，绕校园的东、北、西三面。校园新貌彰显人文主义的格调，充分体现了人与自然的和谐之美。

保留下来的博学书院时期的建筑有两个：一是钟楼，二是教堂，即魏氏纪念堂。魏氏即魏廉森牧师，他与杨格非牧师同时到汉口创立基督教伦敦会，但仅过两年，魏氏因病去世，享年34岁。为此，魏氏遗族在博学书院内捐资建立教堂以志纪念。现今，这两座精美的哥特风格建筑，已作为武汉市一级文物、武汉市十大优秀古建筑之一而受到保护。

博学书院大门

博学书院教员宿舍之一

一 跨越三个世纪 5

博学书院创始人杨格非牧师   马辅仁牧师

1908年的钟楼

1908 年的魏氏纪念堂

博学书院袭用英国学校体制，与香港大学接轨，设有大学、中学、师范、经学四部，学制为普通科和正科两个阶段。普通科为 6 年中等教育，经过考试，学校每年取第一名免费送往香港的大学就读；正科除中国文史课外，一律用英语教学。师范则培养小学教员，用汉语授课 3 年；博学书院附设译学馆，教授神学及中外历史等课程。学校自创办始，就提倡严谨的教学理念，用严明的纪律来规范学生的行为。

学校在课程设计上，主要有三类：第一类是宗教课，学习圣经，参加宗教仪式，体现了书院的宗教特色和传教士在华办学的初衷；第二类是传统的经学课，学生得以传承弘扬本土文化；第三类是近代的科学文化课，如英语、数学、物理、化学、生物、生理卫生、地理、历史、音乐、美术、体育等，特别是英语，分量很重，高年级即可达到用英语进行教学。单从这点讲，学校课程设计促进了近代中国的教育改革，同时也为中国新式学校的创办提供了借鉴。

博学书院的办学特色除宗教、英语、科学外，还有体育。博学书院校园面积很大，运动场所很多，有能容纳数百人的体育室、游艺室，还有篮球场、网球场、田径场、乒乓球室等。这种环境造就了不少体育人才，尤其是足球人才。1901年，博学书院与文华书院、博文中学三校举行了一场校际足球赛，这是武汉地区的第一场足球赛事，由此拉开了武汉地区足球运动的序幕。1921年前后，博学书院足球队与英国海军足球队比赛数场，胜多负少。湖北省的足球队驰名全国，而代表省队出征全国的足球健儿中，2/3的队员是来自博学书院的学生。

博学书院的创办是荆楚大地开启民智的重要一步，是黑暗中的一束烛光，是中国新文明的一次蹒跚起步，开荆楚早期现代化基础教育之先河。

接受近代文明教育，具备开阔国际视野的博学学子，强烈要求改变中国贫穷落后的面貌，摆脱列强的欺压、蹂躏，客观上对近代武汉先进知识分子群体的形成起到了孵化作用。

博学书院时期的足球运动

在举国盛行科举八股的时代,博学书院即以"重理算、授生化、近自然、习英文、强体魄"的办学理念而闻名。

创办之初的博学书院是一所收费高昂的贵族学校,学生最初以150人为定额。在兴盛时期的1925年,学生增至260余人。1916年,博学书院已有英籍教师5名、华人教师6名及助教4名。书院的师资力量很强,很注重教育质量。

博学书院初期,实行的是6年学制,分春、秋两季招生。

1924年,武昌文华大学和博文、博学两所书院的大学部合并组成私立武昌华中大学(现华中师范大学前身)。

民国17年(1928),博学书院改为春季招生。学校开设的主要课程有圣经、经学、史学、古文、英文、数学、地理、欧洲史、格致理化等,教材采用英国版本。普通科招收12岁以上的小学毕业生，需要接受6年的中等教育。学生毕业后可报考英国各大学及中国香港大学，前三名免费保送到英国或中国香港大学就读。正科传授3年的专门教育，除中国文史课程外，一律用英文教学。学生除学英文外，还要必修第二外国语。师范旨在培养小学教员，因此用汉语教授3年师范课程。附设的经学馆教授神学及中外历史等课程，毕业后想升学的学生，经学校推荐可插入博学书院三年级学习。

博学书院的教学内容由三个方面构成：一是宗教教育。课程主要以圣经为主，重点在创始论、赎罪论和耶稣生平等教义上。此外，学生还参加各种宗教活动，如祷告、礼拜等。二是中国传统的儒家经书。一般包括《三字经》《千字文》《百家姓》及四书五经等。三是西方科学知识，开设诸如理化生之类的新式科学课程。在清政府极少重视西方科学的情况下，教会学校开设的科学课程对落后的中国来说，具有重大的科学启蒙作用。此外，从19世纪60年代起，一些教会学校还开设了英语课，这为中西文化的沟通和交流开辟了一条渠道，有助于中国的近代化发展。

书院在成立之初就成立了学生基督教徒团契组织，设灵修股专司。该组织监督学生每日做早祷告，在每周五检查各班是否分组讨论圣经内容。周三和周日大礼拜的祈祷活动，学校更是严格要求全校师生按照宗教秩序执行，并且写出心得体会，及时上报。学校还要求信教的学生外出传教，宗教活动频繁。

由于学校创建于国家多灾多难的时期，博学人具有异乎寻常的爱国热忱,博学学子沉痛地把母校比作"国耻纪念碑"。而与国耻意识相伴的,是强烈的"多难兴邦"责任感。"不幸之中,博学独幸而获受国耻之赐。既享特别权利,自当负特别义务。"强烈的爱国精神与责任意识,形成了博学"爱国、奉献"的光荣传统,激发一代代博学学子将自己的命运与祖国、民族的命运紧密联系在一起。

博学书院 1905 年的首届毕业生李赐生先生(学籍注册名,后用名李次生)在校时成绩优良,特长全面而突出。他不仅讲得一口流利的英语,而且操得一手精湛的拳术,踢得一脚流畅的足球。他志存高远,胸怀祖国,在目睹了清廷的腐败,列强的骄横、欺压后,萌生了革命的念头。1909 年,李赐生结识了湖北共进会首领孙武,不久便加入共进会,致力于辛亥革命。他多次冒着生命危险担任革命团体之间的秘密联络员,使革命的多项准备工作能够顺利开展。1911 年 10 月 10 日凌晨,彭楚藩、刘复基、杨洪胜三位革命志士因起义计划泄露被清政府逮捕,后惨遭杀害,就在革命危在旦夕之时,

李赐生攻占蛇山

革命党人提前发动起义。当晚7时许,以推翻清朝反动统治,让中国走上资本主义道路为目标的辛亥革命在武昌爆发。博学学子李赐生高举十八星旗,带领10位敢死队员冲在队前,引导新军二十九标二营的战士攻占蛇山,将十八星旗首次插在蛇山山顶。此举成为辛亥革命初步取得胜利的标志。李先生为辛亥革命立下了赫赫战功,荣获革命政府颁发的金质奖章。

2 鼎盛博学(1928~1937)

1927年1月,国民革命政府从广州迁到武汉,武汉一时成为全国的政治中心。为迎接北伐军进驻武汉,博学学子走上街头,激昂高唱《北伐军歌》:"打倒列强,打倒列强,除军阀,除军阀。努力国民革命,努力国民革命,齐奋斗,齐奋斗……"博学学子积极投身于革命洪流,宣传革命,启迪民众。英国殖民者在汉口制造了"一三惨案",此事件激怒了武汉人民,武汉人民迫使国民革命政府收回汉口、九江的英租界。这是中国人民第一次依靠自己的力量收回外国租界,在中国革命斗争史上具有重大历史意义。

在这种如火如荼的反帝爱国运动的浪潮下,大量英国人逃离武汉,致使博学书院在1927年停办。

1928年,奉教育部指令,汉口市政府收回武汉的教育主权,博学书院便由中华基督教会接收改组。同年9月,博学书院改名为"私立汉口博学初级中学",设初中部和补习部。从1928年开始,博学真正翻开了教育发展的新篇章:成立了由华人组成的第一届校董事会（校董事会主席是唐永和先生），实现了中国人自主办教育，扬国威、兴华夏的愿望。

20世纪早期的中国正是国势衰微、战乱频发的黑暗年代。然而一大批矢志兴学、救世爱国的仁人志士以天下为己任，冲破桎梏，顽强摸索，不屈不挠。虽然学校的历史档案只简略地记载了这些仁人志士的英名，但在泛黄卷帙的字里行间，我们却能够清楚地看到他们踉跄前行的憔悴身影，也似乎听得到他们惊天动地的呼号呐喊！1928年，第一届华人校董事会选出博学初级中学第一任华人校长胡儒珍先生。

胡儒珍先生任博学初级中学校长长达25年，他在教育方面的建树及为博学书院所做的贡献永远光耀校史。

胡儒珍先生出生于湖北黄陂县（今武汉市黄陂区），获香港大学理学学士学位，后毕业于英国伯明翰舍里欧研究院教育系。曾任湖北省外专代理校长、省立文科大学教务长、上海光华大学教授。

1928年胡儒珍出任博学初级中学校长时，年仅35岁。当时的博学初级中学名气很大，作为名校校长的级别也特别高。博学初级中学校长的人事任命须呈市教育局立案，再转呈教育部备案。

博学初级中学第一任华人校长胡儒珍先生

胡儒珍校长上任后，所做的第一件事就是取消私立汉口博学初级中学的一切宗教活动，并且重新调整教学的课程，教导学生学英文、国文、数学、自然、中国历史、中国地理、党义（国民党史）、华字（毛笔字）、音乐、图画、体操等知识技能。每天开设6节课，下午4时后为各种球类、田径、游泳等体育活动。每周一为纪念日，早8~9时举行纪念仪式，其他5天早晨为朝会。这一时期，博学初级中学初中只有3个班，另加2个补习班，在校学生114人，全部住校。

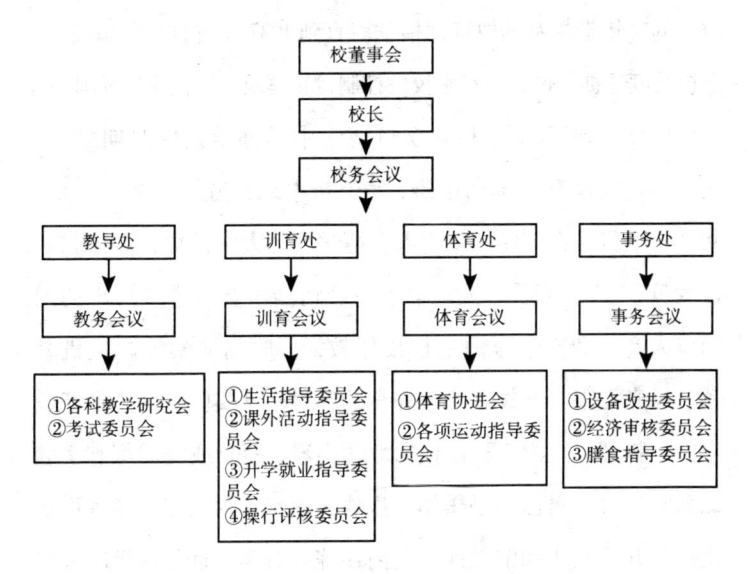

博学中学的行政组织结构图

民国时期，博学中学有45%的初中毕业生升入高中学习，40%的高中毕业生升入各类大学。博学中学规定，高中毕业生考试成绩名列全校第一者，由学校出资保送至英国或中国香港的大学学习。除升学以外，诸多毕业生被外国人在汉口开办的企业录用。

1932年10月，私立汉口博学初级中学再呈省教育厅立案、教育部备案，停办师范，被批准恢复高中，办完全中学。1933年校名改为"私立汉口博学中学"。

学校名义上属中华基督教会管理，但实际上英国基督教伦敦会（以下简称"伦敦会"）仍然控制着学校的经济教育大权。如伦敦会派孔东德等英国人常驻学校，掌握财政、教育大权。胡校长的薪金也由伦敦会按英镑支付；学校经费主要来源于伦敦会的常年捐款及其他特别捐款。直到1937年抗日战争爆发后，学校几度迁徙，伦敦会对学校的控制鞭长莫及，实权才逐渐削弱。

1933～1937年是私立汉口博学中学办学兴盛时期之一。此时，全校设有2个高中班，5个初中班，另加2个补习班，共计9个班，在校学生352人。博学名师大儒云集，专任和兼任教员23人，职员6人。学校还聘请当时具有进步思想的朗诵诗人高兰和文学家丽尼住校任教，一时间博学校园生机勃勃、风光无限。学校有比较齐全的理科教学实验室，高中开设生物、物理、化学3科。根据教学内容，每周或隔周都有实验课，学生可以自己动手操作。生物实验室有六七架显微镜可供使用，并开设生物解剖课，室内还陈列着学生远足旅游时采集的标本。化学实验室条件更好，"三酸"、氢气、氧气、氮气、雪花膏等，一般均可制作。高中二年级，学校安排簿记课，学生对日记账、总账、分户账、资产负债、损益计算等课程，学习一年，均可一一掌握。高中三年级，学三角课时，学生能用余角公式测量建筑物的高度和远距。当时私立汉口博学中学方圆八里之内书声琅琅,弦歌声声;学校课程的开设,均遵照教育部颁布的标准实施。只有英文一科标准较高,能使学生升学后完全掌握英文听力或阅读。学校各种设施齐全,有教室18间,办公室6间,宿舍8间,1座有2个房间的图书馆,理化生实验仪器设备充足。

博学中学非常注重学生的体能锻炼。学校运动场面积达3000平方米,有足球场3个、田径场1个、篮球场3个、排球场1个、网球场3个、乒乓球室1间、台球桌18张、体育馆1个、浴室2个、急救室1间、体格检查室1间、体育图书室1间、储藏室1间。当时学校体育组织种类丰富,学生可根据自身的体质、爱好自由组合参加学校足球队、篮球队、网球队等各种体育组织的活动。

博学中学的课外文娱活动、社团活动丰富多彩,培养的学生素质高、技能强,在各领域都能独当一面,成为社会的佼佼者。学校有励德会、青年会、抗日救国会、演讲会、游艺会、英语会、音乐会、国乐研究会、合作社等社团;后来又组织了读书会、评剧社、新生活剧社、口琴队等。学校还开辟了约70亩土地,作为学生劳作实习之用,力图以教育生产为手段,达到生产教育之目的。

抗战以前的博学中学声誉颇著,与武昌的文华中学、博文中学不相上下。毕业生会考成绩优良,多次受到汉口市政府的嘉奖;体育运动成绩和演讲竞赛成绩更为出色,多次居全国之冠,尤其是足球运动驰名全国。当时的国民政府大员,如吴国桢、刘文岛、何应钦等都曾来博学中学视察、观摩足球比赛,其水平之高、场面之大,由此可见一斑。1934年,张学良将军偕夫人于凤至组织东北大学学生足球队来武汉与博学中学足球队进行比赛,结果东北大学足球队败北,张将军自嘲"大学生打不赢中学生",并真诚邀请胡儒珍校长次年率博学中学足球队去东北再战。

3 避难西迁(1937~1946)

九一八事变后,抗日救亡成为每一位有良知的中国人心中的主题曲。有着爱国传统的博学学子同全国四万万同胞一同奋起,唱响嘹亮的歌声,谱写时代的音符。

博学中学师生积极响应南京政府调整国防教育的政策,认真贯彻执行1931年10月教育部令,散发有关学生、童子义勇军教育和训练的文件。1932年1月29日,教育部颁布了《高中以上学校加紧军事训练方案的通令》,1936年教育部下发了《教育部关于学校教育状况及今后如何改良以适应国防要求案》《教育部推进学校军事教育办法大纲》《教育部推进国防教育办法大纲》《高中以上学校军事管理办法》等文件,博学师生积极配合全国军民开展抗日救亡运动,自觉发起"国难教育思潮":开办读书会、时事研究会、国难教育讲习班;举办军事、防毒救护、运用交通工具等常识技术讲习班;举行国难演讲、旅行演讲;组织演讲团、歌唱团、戏剧团;教育民众做到"文官不爱钱,武官不惜死""念念不忘东北三千万民众""努力于恢复东三省"。

博学学子走上街头、走入社会、走进民众之中。在上海

"一·二八"事变抗日的炮声中,博学学子自发组织赴上海慰问浴血抵御日寇侵略的将士。学生们返校后还做了关于前线将士英勇抗击日寇侵略的情况介绍,大家群情振奋。

1934年前后,抗日救亡的歌声在博学校园内震荡回响。图书室的书架上,《人间世》《东方杂志》等进步书刊摆到了显眼位置。学生争相阅读鲁迅、邹韬奋等进步作家的作品,学生们阅读艾思奇的《大众哲学》、萧军的《八月的乡村》以及曹禺的《雷雨》《日出》,也有很多学生阅读高尔基的作品。这个时期,学生们的思想异常活跃,校园内生机勃勃、热血沸腾,抗日爱国热情一浪高过一浪。

1937年,七七事变的枪声划破了华北的夜空。"风在吼,马在叫,黄河在咆哮……"中华民族神圣的抗日战争开始了。博学儿女更是热血沸腾,他们自发组织起多种宣传团体,走上街头,深入市民,呼唤民族精神,宣传抗日救亡的道理,一首首激昂的旋律,鼓舞人民奋进、抗争,发出"中国灵魂的怒吼",共同构成了全民抗战的宏伟画卷,表现出一个不屈民族代代传承的民族精神。博学学子高唱"同学们,大家起来,担负起天下的兴亡……我们今天是弦歌在一堂,明天要掀起民族自救的巨浪"。他们赶排话剧《荆轲》,表现壮士"风萧萧兮易水寒,壮士一去兮不复还"的悲壮慷慨;他们编演楚剧《岳飞》,表达民众"精忠报国,还我河山"的愿望,呼吁国人奋起抗日。这些宣传活动使武汉民众抗战豪气顿生、抗战激情高涨。大批爱国的博学学子身先士卒,积极报名参军,投笔从戎,参加了闻名于世的"武汉会战"。

1937年的卢沟桥事变，直接将国难教育转化为抗战教育。抗战教育维系着中华民族的命运。此时，蒋介石在检讨过去的教育失误时说："无论家庭教育、学校教育、社会教育，都是文事与武艺并重，文武合一，术德兼修。不仅要使受教的人懂得文事，并且要使他懂得武艺。因为一个人如果不懂得武艺，就不能自卫，不能保护乡里，更不能保护国家和民族。"

抗战初期，博学中学调整了教学内容，一切为抗战服务。其一，变更原有学科的教学时数，抽出时间授战时新教材，诸如军事常识、救护常识、防御常识、消防常识、国际关系、群众指挥法等。其二，加设特殊学科，诸如国民训练、民众教育、中国地理险要、日本侵略史、日本外交史、日本政治大纲、军事化学、生物学与国防、军事工程等。其三，改进每门课程本身的内容，小学课程注意激发儿童抗战情绪，培养儿童社会知识，灌输儿童战争常识；中学国文、地理、历史、美术、劳作等课程都做了适当改进。如美术课程，教学生学会绘制及剪贴忠勇战士的塑像、防空图、防毒图、救护图、后方工作图以及战事经过的连续画等；劳作课则多方面练习制作战时模型、战壕模型、军械模型，还要学习障碍物的制造、简易防毒面具及口罩的制造、防毒药水的配制、地窖的建造、绷带的缚法、慰问品的制作、军用水瓶的制造等。

在这场神圣的抗战洗礼中，国家的灾难、民族的危亡给予博学师生血与火的磨炼。他们先天下之忧而忧的情怀，为博学文化留下了宝贵的精神财富。

1938年春，学校迁避至租界内的汉口格非堂（今黄石路容光堂)。由于环境差、校园小，博学中学的高中班暂时停办，仅开设4个初中班。1938年秋，武汉告急，当局决定迁校后方。

因博学中学与懿训女中（今武汉市第二十一中学）同属伦敦会的教会学校，为了提高流亡期间的办学行政效率，发挥团结合作的力量，两校特开董事会，决定组织成立两校战时联合董事会。董事会选举魏笃祜先生为董事长，郭中一牧师为副董事长，选举两校校长、两校伦敦会代表及白格里先生等7人为董事。董事会决定两校在1938年8月初各携带现款3500元西迁至四川江津县。

初到江津，没有校舍，川军周化成团长认为"江津虽为

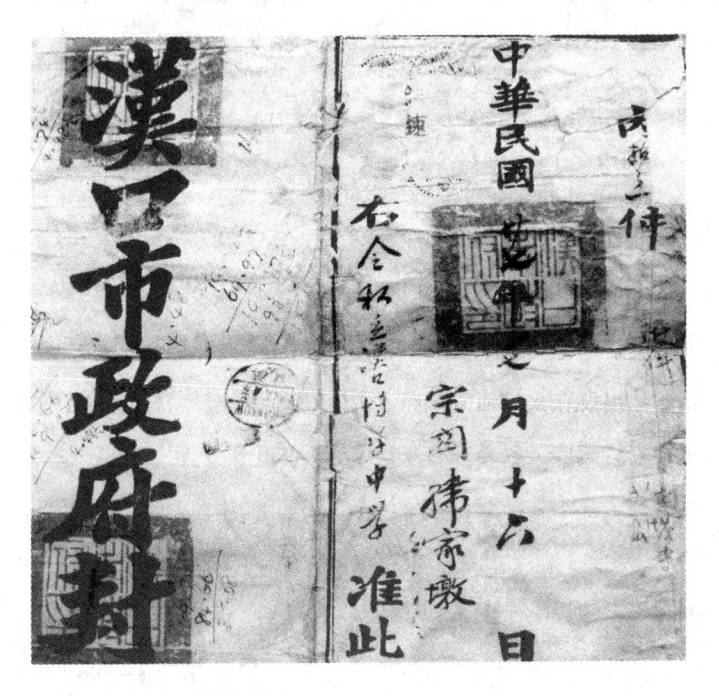

1938年汉口市政府为博学中学印制的暂封条

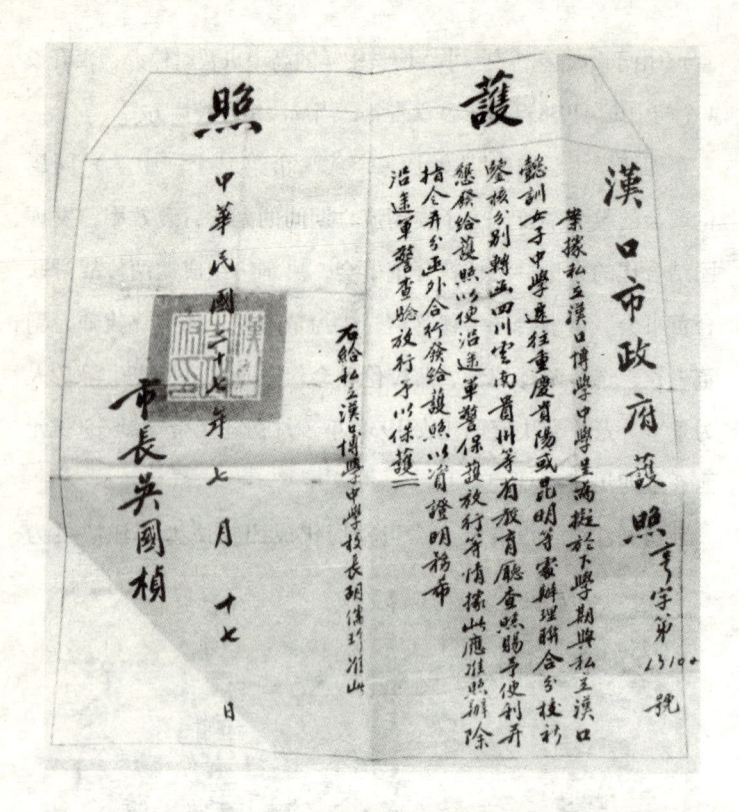

1938年汉口市政府为博学中学发放的护照

川省文化最盛之区,然向未设立完全中学,敬恭桑梓之义",慨然让出设在火神庙的团部,作为两校校址。两校师生因陋就简,以竹编墙,以草盖屋,学校于1938年9月如期开学。但由于校舍狭小,学校仅招4个班(3个初中班和1个高中班)100多名学生,学习条件相当艰苦,但学校强调国家兴亡、匹夫有责,年轻学子当以卧薪尝胆之精神,刻苦学习,报效国家。在此后的两年中,两校教职员工由13人增至17人。

1939年日军飞机滥炸重庆及沿江各县,危及两校的江津

一 跨越三个世纪 21

校址。1940年1月，两校又搬迁至重庆南岸背风铺的一段山地中，校园面积近10亩（该地原为英国公谊会的产业）。

火神庙（博学学生当年的绘画作品）

茅屋校舍（博学学生当年的绘画作品）

由于资金紧缺，学校动员师生们自建校舍，大家积极响应。在紧张的学习之余，师生们开始了艰苦的建校历程。他们边学习边劳动，利用劳动课和吃饭剩余时间，挑水和泥，搬砖运瓦。当时没有运输车辆，学生们就靠肩挑、背驮、手抬，把建房用的砖瓦一块块，一片片运回施工工地。老师处处做学生的楷模，他们既要管理好学生，鼓励学生，还要挑着上百斤的担子。这条砖瓦窑到学校的路上洒下了师生们辛勤的汗水。他们不怕脏，不怕累，一心为学校建设出力，一心想把新校舍快点建好。经过师生的辛勤劳动，一排排新校舍建成，仅数月，建成礼堂6所，办公室1间，会客室1间，教室7间，实验室1间，教职员工的寝室4间，学生寝室10间，运动场2个。为了保护师生的安全，学校在背风铺挖掘出一个贯通山峰的防空洞，耗资2万多元法币，1940年1月底竣工。同年2月，新学校开学，开办7个教学班，学生人数增至350多人，教职员工由17人增至28人。在随后3年多的岁月里，学校一边教学，一边改建校舍，到1944年秋完成了整个校舍的改建任务。重庆的新校舍山峦重叠，林木清幽。原先的竹林房全部被砖瓦房所代替，学校面貌焕然一新。

师生们在荒地上刨坑种树，种植花草；在池塘边清淤泥，排污水，栽藕，养鱼。学校环境发生了很大变化，一排排新瓦房宽敞明亮，整个校园整洁、漂亮，原来的荒地已树木成行，鲜花盛开，池塘里鱼儿欢快地游来游去，亭亭玉立的荷花开得更是鲜艳，碧绿的荷叶，洁白的荷花，学校成了美丽的花园，更是学生的乐园。春天，鲜花娇艳，花前树下，到处是手捧书本读书的学生；夏天，池塘里传出孩子们戏水追逐的笑声；秋天，霜叶红艳，像蝴蝶翩翩起舞，飘落校园；冬天，白雪皑皑，学生们打雪仗，滚雪球，其乐无穷。

学生们虽然年龄大小不一，但他们对较为安定的学习生活十分珍惜，追求知识、奋发学习的热情格外高涨。天刚蒙蒙亮，校园里便传出琅琅的读书声。课堂上学生们聚精会神地听老师讲课，认真做笔记。晚上，学生们点上桐油灯在教室里认真地学习，老师耐心地为学生释疑解惑。在办公室里，老师们认真地备课，批改作业，一直工作到深夜。

勤奋的学习使学生获取了更多的知识，开阔了视野，树立了远大的理想；艰苦的劳动磨炼了他们的意志，使他们人生的脚步更踏实，性格更坚强。他们在播撒汗水的同时也收获了希望。博学的师生在那火红的年代，用火热的激情谱写了辉煌的篇章。

抗战期间，师生们的生活都很艰苦，吃的是糙米饭，点的是桐油灯，一两个星期才打一次"牙祭"，但学校的学习和生活气氛仍然很浓厚和活泼。学校积极开展文艺活动，成立学生剧团、民乐队、幻灯片放映队，学生们常去四川乡下宣传抗日，协助村民办起民众学校，教乡亲们学唱《救国军歌》："枪口对外，齐步前进！不伤老百姓，不打自己人！我们是铁的队伍，我们是铁的心！维护中华民族，永做自由人！"还有歌曲《国家》："没有国哪里会有家是千古流传的话；多少历史教训证明失去国家多可怕。炎黄子孙用血和汗，把民族的根扎下，多少烈士献出生命，培养自由的花。国家国家，我爱的大中华；四海之内的中国人，永远在青天白日下！"

据老校友回忆，在抗日战争时期，因日寇入侵，学校多次迁移，师生们风餐露宿、日夜兼程、艰苦朴素。博学学子们稍一停下便在民居中、树荫下开始上课。当时的博学师生发明了一种战时特殊课桌，敌人来了，学生就将课桌拆开，把课桌背在背上转移；敌人走了，学生拼好课桌上课。

时隔几十年，当我们怀着崇敬的心情回顾这一段艰苦的岁月时，我们真要向"战时课桌"的发明者们深深地鞠躬，感谢他们在国家风雨飘摇的时候，为我们苦难民族的重新崛起搭建了坚实的平台。在如此险恶的环境中，博学师生挺起脊梁，在生产训练、人格教育等方面取得了令社会刮目的成绩。

博学师生筚路蓝缕，用自己的血泪，谱写了危难中民族教育兴亡的乐章。

1945年9月，抗日战争胜利，博学学子与人民一同欣喜若狂。

"胜仗！胜仗！日本跪下来投降！祝捷的炮像雷般响，满街的爆竹，烟火飞扬。漫山遍野是人浪！笑口高张，热泪如狂。向东望，看我们的百万雄师，配合英勇的盟军，浩浩荡荡，扫残敌，如猛虎驱羊，踏破那小扶桑。河山再造，日月重光。胜利的大旗，拥护着中华民国！我们一同去祭告国父，在紫金山旁。八年血战，千万忠魂，才打出这建国的康庄。这真不负我们全民抗战，不负我们血染沙场！"

这首名为《凯歌》的歌曲，是学校参加庆祝抗日战争胜利大会，进行歌咏比赛时唱的曲目。同学们进行了紧张的准备，从调门到节拍，都认真研讨，互相纠正，直到大家准确、熟练地掌握为止。演出的那天,博学师生每人背后挂着一个簇新的草帽,排着整齐的队伍,精神抖擞地走进会场。会场设在一个大晒场上,晒场边沿中央搭了一个主席台,主席台后边是山坡和丘陵。各校师生就在台前按事先划分的位置,站成几路纵队,带队的老师站在前面。整个会场排列成一个大方阵。周围的空地与山坡上站满了村民,正如歌词中所说"漫山遍野是人浪",盛况空前!

时光虽已逝去几十年,但许多老校友对当时的活动情景依然记忆犹新,尤其对上文那首革命歌曲,更是耳熟能详,从歌词到曲调都没有忘记,以至于当他们反复回味那激昂的歌词内容时,仍禁不住精神振奋、热血沸腾。

在漫长的八年抗战的艰苦岁月里,博学人经历了血与火的磨炼。他们披荆斩棘、咬紧牙关、顽强开拓,闯过了一道又一道难关。

4 筚路蓝缕 (1946~1952)

1945年9月2日,日本帝国主义宣布无条件投降,中国人民赢得了八年抗战的最后胜利。

武汉沦陷时,博学中学校舍被日寇占据,改为野战医院,校园整体破坏惨重,教学器材荡然无存。1945年日寇投降,国民政府将校舍交由军方使用。经过胡儒珍校长长时间的奔走交涉,军方才迁出。

不久,教育部需要借博学中学校舍3个月,开办大学选修

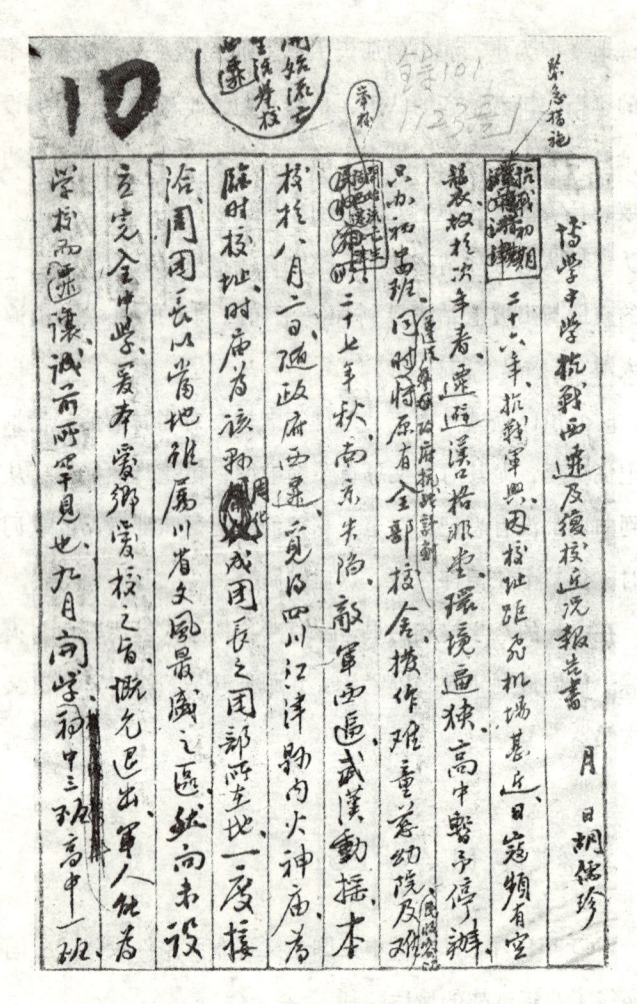

抗战胜利后胡儒珍校长亲笔书写的复校报告书

班。双方以办班结束后将 300 多件教具留校应用作为交换条件，达成协定。这样，到 1946 年 8 月，博学中学才由四川迁回汉口原址复校。

博学中学复校后，第一学期开设 3 个高中班、6 个初中班，共有学生431人，教职工22人。高中采取学年制、初中采取学期制。第二学期学校增设了3个班，学生达491人。到第三学期学生人数激增，学校开设了3个高中班、9个初中班，学生人数达600余人。从1946年夏到1949年上半年的内战期间，博学中学的学生人数减少至420人，近1/3的学生因生活所迫而失学。学校办学经费十分紧缺，主要靠学杂费和社会的募捐款度日。但是学校秩序良好，读书氛围浓厚。

当时博学中学的高中学生每学期向学校缴纳的各种费用合计10万元法币，初中生是9.5万元法币。教职员工待遇微薄。其中教员月薪最多的为35万元法币，最少的为16.5万元法币；职员月薪仅有10万元法币左右。当时博学中学的学生均来自汉口，3/4的学生住校。

1947年，上海、南京等地学生开始"抢救教育危机"运动，喊出了"向炮口要饭吃"的口号，"反饥饿"的浪潮由南而北展开。1947年5月，从上海开始，全国学生掀起了"反饥饿、反内战、反迫害"运动。博学学子深感"天下兴亡，匹夫有责"，在中共地下党的引导下，为"反内战、反独裁"积极进行第二条战线的斗争。

1948年秋，学生彭子强、高峰、方维刚、吴震等组织读书社，看进步书籍，传播革命思想，并加入中国共产党的外围组织"新青联"。"新青联"通过学生自治会开展了多种形式的学生活动，如：组织民歌社，教唱革命歌曲，组织跳集体舞、秧歌舞，为迎接武汉解放做准备；出壁报，稿件内容多半是关于"反动统治必将被摧毁""黎明前更黑暗，曙光就在前头"等，也有对时局发表看法的文章；组织应变委员会。1949年春，博学中学成立"应变委员会"，号召同学们报名参加护校队，迎接解放军进城。各班同学积极报名参加。同学们日夜轮流值班，站岗巡逻，尽心尽责。

1949年5月16日，武汉解放。"新青联"号召各单位将"应变委员会"改为"迎接委员会"，组织学生走上街头欢庆解放。博学中学的秧歌队很快组织起来，大家头系毛巾，腰系红绸，有的手拿镰刀、铁锤，有的肩扛锄头，有的举着横幅，有的拿着写有标语的三角彩旗，在秧歌锣鼓的引导下走上街头。秧歌队从学校出发，一直跳到利济路，又从利济路跳回学校，沿途高唱革命歌曲、高喊进步口号。尽管疲惫不堪，但大家的劲头高涨。第二天，秧歌队又跳到韩家墩、罗家墩农村。这批进步学生在新中国成立后积极参军、参干，参加抗美援朝，有的则进入大学进一步深造。他们听党的话，一切服从组织安排，在各条战线上都做出了卓越的贡献。如彭子强校友是武汉市公安干部学院原副院长；高峰校友是南开大学经济系现代资本主义经济研究室主任；方维刚校友是贵州医学院教授等。

1949年11月27日，汉口博学中学举行了隆重的50周年校庆活动。这天，风和日丽，严冬里露出少有的暖阳。古朴、典雅的钟楼前悬挂着"五十周年校庆"的横幅，钟楼周边摆放的各种花木，透露出无限生机。一早开始，各界来宾、历届校友及学生家长纷至沓来，盛况空前。庆典大会在大礼堂举行，大会由代理校长汪筠庵主持，胡儒珍校长在大会上报告20年来治校兴校的历程，同时提出了对代校长的

钟楼前欢迎武汉解放（当年学生的绘画作品）

希望。校董事会代表、武汉市教育局领导均发表讲话，表示祝贺。

5 改制四中（1952~1966）

新中国成立初期，党和政府以解放区教育经验为基础，学习和借鉴苏联社会主义教育的经验，为适应国家建设的需要，迅速地建立了较为完善的人民教育体系。1951年10月1日，《关于改革学制的决定》的颁布和实施，对中国人民自己的学校在新的政治经济基础上以法令的形式得以成立给予了保证，标志着人民教育事业已经走上了规范化发展的新阶段。它把工农教育纳入国民教育体系，确立了教育为工农服务的方针，加强了党和政府对工农教育的领导。

新学制给予了工农教育以地位。为体现人民当家做主人的权利，博学中学由一所贵族学校逐步向工农子弟开放，大量的工农子弟走进了博学中学。为了减轻困难学生的家庭负担，博学中学减免了他们大量的学杂费，也致使原本拮据的办学经费到了朝不保夕的境地。校董事会多次召开会议，决定由董事长宋如海向武汉市文教局申报，呈请武汉市文教局接管博学中学。

胡儒珍校长请假病休，于1952年8月正式离任。经组织任命，代理校长汪筠庵升任校长，李绍正为副校长。校董事会也进行了改组，宋如海任董事长，董事会下设教导处、总务处，训育处和体育处被撤销。担任教导主任的先后有李绍正、张景华、宋庠，担任总务主任的先后有张希文、杨雁鸣。

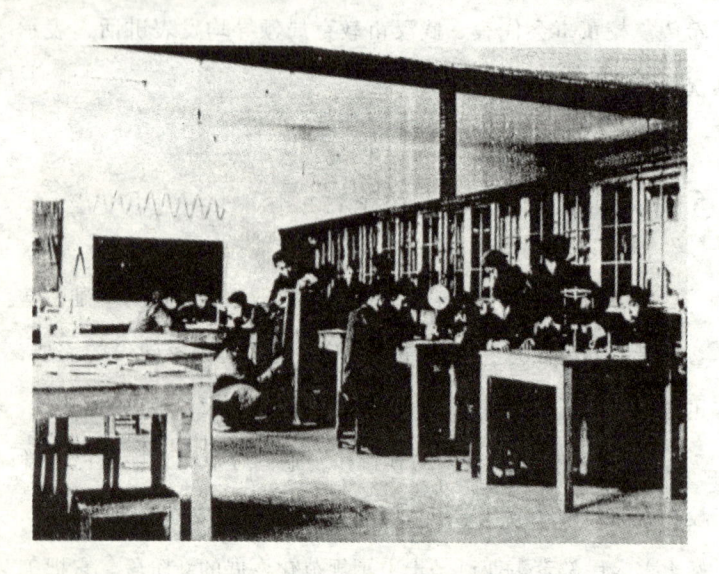

20世纪50年代的教师办公室

1952年8月，受中共武汉市委指示，武汉市文教局派吴忠等5位同志组成博学中学接管工作组，并任命吴忠为组长。随后，校董事会派宋如海、万福林、汪筠庵3人与市文教局办理学校产权的移交事宜。这样，武汉市人民政府正式接管了私立汉口博学中学，将其改名为"武汉第四中学"，校门改建后面向解放大道。

1952年改制后的学校校门

1952年8月，武汉第四中学推行校长责任制，并与武汉市女子二中成立中共联合党支部，两校下设党支部，负责领导和监督学校的教育方针实施及群众组织工作。武汉四中历来重视学生政治素质的培养。1952~1954年，学校发展了4名学生党员。1954年3月，学校成立了第一届中共武汉四中支部委员会，卫国光校长兼任支部书记。20世纪50年代中期以后，随着中国政治风云的变化，武汉四中党政领导更替频繁。1955年武汉市教育局肃反工作组进驻武汉四中，卫国光被停职，汪筠庵离职休养。肃反工作组组长江贤文任代理校长和党支部书记。1956年6月肃反工作小组撤离学校，上级组织又任命谢传贤为党支部代理书记。3个月后，武汉市文教部又调任邓铁生为武汉四中代理校长、党支部书记。1962年武汉四中由武汉市教育局直接领导，学校实行校长负责制，叶盛雷任四中校长兼党总支书记。新任领导组织全校教职员工学习教育部颁布的《全日制中学暂行工作条例（草案）》。教师们明确了学校工作应以教学为主，充分发挥教师的主导作用，坚持启发式教学原则，加强"双基"（基础知识、基本技能）教学。学校党总支对在历次运动中受到影响的干部、教师进行了鉴定和平反。这些措施极大地调动了教职员工的积极性，健全了教育教学秩序，使学校的各项工作迈上了一个新台阶。

改制后的武汉四中非常重视政治教育，初中讲授《中国革命读本》，高中讲授《科学社会基本知识》和《共同纲领》。

1953年，中学把思想政治教育工作重点放在共产主义思想品德教育和爱国主义思想教育上，开展"三好学生"评比活动。

1955年，政治课停设。各中学结合肃反运动，进行提高革命警惕性的教育。1957年政治课恢复，各年级每周学习2

小时。高中增加学习时事政治内容，初中增加学习《青少年修养》，培养学生具有社会主义人生观和社会主义道德修养的优良品质，教育学生做到"一颗红心、两种准备"。

1957年，根据上级安排，学校在六七月份开展了整风运动，采取大鸣、大放的形式，允许教师们对党和政府的工作提出批评意见和建议。同年，学校开展反右派斗争，将大批人民内部矛盾当作敌我矛盾处理，包括胡姓李姓两名中山大学历史系应届毕业生在内的40余名教师被划为右派分子，下放到农村劳动，这给学校的教学工作带来了不利影响。

1958年，在党的八大二次会议上，国家提出了"鼓足干劲，力争上游，多快好省地建设社会主义"的总路线。同年8月，中央政治局在北戴河召开会议，规定当年的钢产量要比1957年翻一番，达到1070万吨；粮食产量预计达到3亿~3.5亿吨。这次会议把"大跃进"和"人民公社化"运动推向了高潮。

1958年，政治课改为社会主义思想教育课，学校结合形势对学生进行总路线、"大跃进"、人民公社的"三面红旗"教育。在"全民大办钢铁"的号召下，各中学组织学生参加大办钢铁活动。

1958年5~12月，上级组织对武汉四中的党政领导进行了调整。如调武汉市教育局副局长刘建国到武汉四中兼任校长；改选中共四中总支委员会，组建第二届中共武汉四中总支委员会，刘建国任第一书记，邓铁生任第二书记。

为了贯彻中共中央提出的"教育必须为无产阶级政治服

务,必须同生产劳动相结合"的办学方针,武汉四中加强了对学生的劳动教育。学校开办了校办工厂和学校农场,并将此作为学生劳动锻炼的基地。1958年冬,武汉四中全校停课,掀起了大办钢铁的高潮。在学校操场和空余场地上,到处布满了土高炉,到处都是运来的矿砂、铁屑和焦炭,到处都是忙忙碌碌的人群,其场面非常壮观、精神非常感人。当时的人们,建设社会主义的热情十分高涨,"能挑千斤担,决不挑九百九",恨不得在一夜之间跑步进入共产主义社会。武汉四中师生在"大办钢铁"中奋战数月,夜以继日,不下火线,忘我劳动,充满着无限的爱国热情。当时义务劳动成为社会风气,加班加点劳动是一种社会时尚。

1959年,"反右倾"运动波及武汉四中,致使刘建国、邓铁生、林秋3人停职离校。1959年12月,上级调任李兰生为武汉四中校长,任命叶盛雷为武汉四中党总支书记,重新组建武汉四中领导班子。

学校又开展了以教育革命为中心的增产节约运动。具体实施时以各教研组、各处室为单位,开展了红旗竞赛活动。人人都争当增产节约的模范,坚决反对铺张浪费行为。一时间,"节约光荣,浪费可耻"的大红标语遍及校园。为了执行中共中央关于干部参加体力劳动和在教育战线坚决批判资产阶级教育观的文件精神,从1959年下半年起,武汉四中师生纷纷下工厂、到车间、赴农场参加劳动。

1959年9月至1960年7月,武汉四中师生参加了修筑汉丹铁路的会战。学校分配到的任务是:新沟铁路桥(今东西湖境内）的土石方工程。当时，工期紧、任务重，以致在隆冬时节大家还在泥水中劳动，加之粮食紧缺，吃不饱，劳动起来非常艰苦。但是人人无怨言，个个争先进，师生们表现出极强的吃苦耐劳、顽强拼搏的精神。在1960年的庆功大会上，武汉四中学生有10人立大功，李道泽、李志忠、刘隆平、柯庭桂、蔡玉琪5名教师被评为建设功臣，校泥工师傅付舜玉被评为硚口区红旗标兵，青年教师钱伟华在教改和班主任工作中因做出突出贡献，被评为硚口区"三八红旗手"、市先进工作者，并出席了全国文教战线的群英大会。

1959年，为了让师生度过饥荒时期，武汉四中减轻师生负担，停开体育课，并建立以校医为主的疾病防治小组，治疗师生们因营养不良导致的肝炎、水肿病，学校还开办肝炎食堂。同时，学校开展生产自救活动，将校内所有空地分配给各教研组、各处室及各个班级，让师生们自己动手种庄稼、种蔬菜。当时师生们种得最多的是红薯，大操场上遍地都是绿油油的红薯藤。学校还组织喂猪、养羊、养鸡、养鸭生产小组，轮流派人到东西湖开垦农场，以此缓解师生的吃饭问题。学校在教学上也相应做了一些调整，学生们不再停课参加校外义务劳动，学校不举行考试、不做鉴定、不发成绩单，目的就是让师生们战胜饥饿，保住生命。这些措施一直延续到1962年年底。

1960年，武汉四中等校组织高中学生参加修建汉丹铁路的劳动。1961年，各校教育学生理解国家困难，勒紧裤带，共渡难关。学校组织学生自己动手挖掘饮水井、开垦荒地，使学生受到了劳动教育和生动具体的共产主义思想教育。

学校喂养的鸭、鹅

1960年冬，国民经济开始实行"调整、巩固、充实、提高"的方针。为了贯彻中央精神，1961年，武汉市大规模地压缩城市人口，武汉四中也精减了大批的教职员工，让其回乡参加农业生产劳动。

1961年，中央制定了"中教四十条"，强调学校工作要以教学为中心。学校在教学组织和管理方面积极探索、孜孜以求，提出以"懂、会、熟、通"为检查教学效果的标准。同年9月，学校贯彻《武汉市全日制中学工作条例》，实行党支部（总支）领导下的校长负责制，校长负责全校工作，党支部起保证、监督作用。

1962年，学校学习湖北省实验中学的"五备"（备大纲、备教材、备学习思想、备知识实际、备教学方法）和"五要求"（明确任务目的，讲清基本知识和基本要领，启发学生思维，加强复习巩固，充分发掘教材的思想性及适当联系实际）的教学经验，加强课堂教学，力求做到教师当堂讲授，学生当堂消化、吸收。

1963年，学校执行教育部颁布的《全日制中学暂行工作条例（草案）》，组织教师学习"三本书"（教学计划、教学大纲、教科书），制定"三种表"（作息时间表、课程表、课外活动表），抓好语文、数学、外语的"双基"教学；采用幻灯片、标本等教具，增强教学的直观性，减轻学生负担，尽量少布置作业，只举行期中和期末考试。

从1963年开始，教育主管部门要求在校中学生每人每学年要参加一个月的劳动锻炼，主要内容是"支农"，要求师生与广大的贫下中农同吃、同住、同劳动，以达到"灭资兴无"，培养又红又专的无产阶级接班人的目的。为落实这一政治任务，武汉四中很快在东西湖扩大了农场规模。在此后的几年里，学校每年都组织学生轮流下乡劳动，以锻炼学生体魄、磨炼学生意志。

1965年，武汉四中初中讲授《革命接班人》《社会发展简史》《毛主席著作选读（乙种本）》，高中讲授《中国革命和建设》《辩证唯物主义常识》《毛主席著作选读（甲种本）》，结合党和国家的基本任务，学校培养无产阶级革命事业的接班人。

1965年，初中年级的物理、化学等学科只教不考，也不作为学生升级的依据。学科记分采用百分制。1965年7月,学校根据上级指示,将每节课由50分钟改为45分钟。同时,学校坚持全面发展的办学方针,紧抓教师队伍建设,落实知识分子政策,建立正常的教育教学秩序。学校通过这些措施培养了一大批德、智、体全面发展的学生,尤其是在体育方面培养了一批优秀人才。如1958届学生李必华,在1959年首届全运会上获百米短跑冠军;1965年,武汉四中足球队获全国青少年足球赛第7名,获武汉市少年足球锦标赛冠军。这些成绩分别获得了教育部、国家体委、团中央和武汉市人民政府的表彰和奖励。

20世纪50年代,大批的海外华侨回国。国家给他们提供了便利的条件,他们的子女大多被安排在条件较好的学校就读。有深厚文化底蕴的武汉四中担负起培养归国侨生的重任。归国侨生大多住校,学校派专人对其进行管理,拨专款解决他们的生活困难问题。在学习和思想教育上,归国侨生更是得到了政府的关心和学校多方面的培养。

"文革"前17年的武汉四中,"一万三李"在武汉市中学教育界是颇有名气的,他们分别是体育教师万业文、语文教师李绍正、物理教师李永铮(后任武汉四中校长)和英语教师李辛觉。下面做简单介绍。

国家一级足球裁判万业文

"体育老师叫万业文,他把四中足球队带成全市少年足球队冠军,天津南开中学队还到四中比过赛。他带着四中队到大连参加比赛拿到名次,武汉市还奖给学校两堵足球墙。"

"四中简直是个人人会踢球的学校,当时的体育老师就是30年代被追捧的万业文老师,他教出的学生罗敦厚后来还成了湖北队教练,他带出的四中队是全市冠军。"

以上是两位20世纪50年代的老校友对万业文老师的回忆。字里行间,不难看出当年武汉四中的学生像今日的"粉丝"一样追捧着万老师。

不仅学生,老师也有不少是万老师的粉丝,一谈起万老师,个个津津乐道。究竟是怎样的一个老师,能够得到武汉四中师生这样的敬重和热爱呢?

1900年,足球第一次被国际奥委会列为正式比赛项目。1901年,武汉四中就在武汉市以足球项目而著称。经过1933年打败洋人联队"红队"的挑战、1934年与张学良将军率领的东北大学联队"握手言和",武汉四中足球队更是名声大噪,国内瞩目。为了让学校足球传统得到延续并更上一层楼,1947年,胡校长找到了军界足球健将、著名足球教练万业文,一个身材精悍、精力过人、动作敏捷的中年人。其实,万业文就是从博学书院走出去的足球名将。早在1933年和1934年两年的足球赛事中,万业文作为博学足球队队员叱咤球场,还受到张学良将军的亲自接见。果然,万业文不负众望,以其专业技能、高水准,身先士卒,与运动员一起摸爬滚打的敬业精神,很快得到了学校足球队运动员的喜爱和尊敬,并带领足球队在校际联赛中屡创佳绩。

在足球场上,由于万业文老师始终精力充沛,如同一架不知疲倦的永动机,运动员们就给他起了一个绰号——"万铁腿"。

1949年春，武汉解放在即。万老师的足球队成了"护校队"的主力。这些足球队员在万老师的带领下，轮班站岗，护卫学校，为保护学校财产和师生财物立下了汗马功劳。1952年，人民政府接收这所教会学校时，很欣慰地发现，学校一应设施保护完好，整个校园建设属全市一流。

新中国成立后，足球运动被列为重点体育项目，武汉四中足球队在万老师的带领下，所向披靡。武汉军区还慕名聘请万老师兼任军区足球队主教练。万老师率队参加了全军首届运动会，并取得了不俗战绩。万业文老师理所当然地成为武汉市首批任命的国家一级足球裁判和田径裁判之一。

1965年，万老师又带领武汉四中足球队扬威全国赛场，在武汉市少年足球锦标赛上夺得冠军，在全国青少年足球赛上获得第七名，受到国家体委、团中央和武汉市人民政府的嘉奖。万老师带出的足球小将们走出校园后，很多都成为地方队和国家队的主力，有的还当上了地方队的主教练。

老校友们还记得，学校只要举行运动会，万业文老师就是裁判长，这份荣耀一直持续到他1975年离校。

1957年，作为体育老师和足球教练的万业文老师，年过半百，兼任起初中班主任工作。就是这份工作，让许多人惊喜地看到了万老师不为人知的另一面。

万业文老师是一个称职的班主任。一位华侨校友回忆："几十年来，万老师的影子一直在我的脑海中回旋，他对我十分关心。我在武汉四中从初二到初三，班主任都是万业文老师，他为人和善。他经常约我到他的宿舍，给我看他集的邮票，约有20多本，很多邮票我都没有见过，据他说十分珍贵。我没有集邮的习惯，但每次我印度尼西亚家里寄信来时，我都将邮票留给他。'大办钢铁'的时候，有一个晚上，由于灯光不足，或是过于疲劳，我不小心将铁锤砸在自己的左手手指上，顿时血流如注。万老师马上带我到校医室包扎，我痛得不得了，包扎好后，万老师叫我回宿舍休息，我说不用，便回到工地，我给受伤的手套上两个手套后，又继续干活，这时广播喇叭传来好消息：'初二（3）班郑和丰同学发扬艰苦奋斗、不怕牺牲的革命精神，虽然手受了伤，但坚持轻伤不下火线，继续干革命的精神值得我们全校同学学习！'广播完了，我发现班主任万老师才回来，我想一定是他写的广播稿。万老师虽然是班主任，但只教体育课。他虽然一把年纪，但由于经常运动，身材特好，他还擅长单双杠。"

《汉语大词典》编委会成员之一的李绍正

"捧着一颗心来，不带半根草去。"这句名言恰似李绍正老师的人生写照。李绍正老师是中国《汉语大词典》的编委会成员之一，是中国一流语言学专家学者。他终身未娶，并终身任教于武汉四中，其忠诚教育之心，天地可鉴。

李老师的业余爱好只有一个——读书。他的生活极其简陋，饮食简单，多素少荤，吃饭都是在学校食堂解决，很少见他添置服饰或家具。学校食堂周末休息，李老师就用小炉子煮两餐面条了事。他所有的积蓄都用来买书。他很认真地说："书就是我的亲人。"

李老师住在一个单间平房宿舍里，不到10平方米，卧室兼作书室。狭小的书室虽说不上汗牛充栋，但也四壁皆书。桌子上、柜子上、架子上、床上、墙边，只要是可以放东西的地方，都放着成摞成摞的旧书旧报，只要是可以钉上架子放搁板的地方，也都钉上了架子，层层摆满了书籍，其中，有中文版，也有很多英文版。

在学生眼里，李老师是一个传奇，他知识渊博，无所不晓。他的许多书，书边都被翻得起了卷。

李老师学问颇深，治学严谨。有一次一位老师向他请教了一个问题，李老师当场做了解答以后，第二天，又拿着几张写得满满的纸，来找这位求教的老师，引经据典，就该问题的出处、考据以及运用，详细地讲解了将近一个小时。那位受益的老师草草计算了一下，李老师为了让他对所提的问题了解更多，竟然查阅了十几种文献书籍！

李老师的小居室，是学校师生释疑解惑的地方。任何一位老师，有了任何问题，都可以到他那里研究交流，获取解决问题的多种方法。李老师有众多书友，如古典格律诗词、楹联张口成诵，挥毫立就的李辛觉老师；颜体小楷写得令人倾倒的李霜枝老师。他也有忘年交，有三十而立就领衔这所百年老校教研组的张伯湘老师，才华横溢、学富五车的曾宪祝老师。他还有众多敬仰他的年轻老师。

李老师一生对教育事业倾其所有。武汉四中语文组团队以其过硬的业务素质而著称业内，这与李老师的无私奉献是分不开的。李老师的这份奉献精神已经成为语文教研组的精神财富，一代一代薪火相传。

学校有一位老师虽然学养扎实,在业务上睥睨群雄,但他仍甘拜李老师为师。后来,回忆起李老师的时候,他非常动情地告诉大家,李老师不仅学识渊博,而且为人质朴,始终以赤子情怀示人,大度包容。

有一位学生,在"文化大革命"中期进校读高中,因其勤勉上进,得到李老师的垂爱。这位学生白天上课,或者去学工学农,晚上李老师给他辅导功课。这位学生后来留校任教。在从学生到当老师的那几年中,李老师为了辅导他学习,每天基本上都是凌晨两点钟才休息。李老师从《古文观止》讲到《古代汉语》,对其进行系统的讲解,主要是为了让这位基本上没有接触过文言文的年轻人,学习古代汉语知识,积累文言文的语感。1974年,李老师要求已经留校任教的这位老师系统地读书。他老人家开的读书目录上,第一本书就是《论语》。事实上,那时正是"批林批孔",而李老师是想让年轻老师通过当时发行的《〈论语〉批注》来完整地通读《论语》。这位老师后来才感慨万千:"可惜,李老师这份智慧,我现在才领悟到。"

李老师"先天下之忧而忧",他对"中华优秀文化如何传承下去"一直忧心忡忡。

在改革开放初期,为了挽救"文化大革命"时的经济衰退,大家的注意力都放在经济发展上,很少有人关注人们精神家园的建设,很少有人在中华传统文化被捣毁殆尽的废墟上,重拾一砖一瓦,承接中华传统文化的薪火。李绍正老师,作为《汉语大词典》的编撰者之一,他挺立起孱弱之躯,以一种高贵的文化自觉意识，抓紧时间，开始为中小学生编辑古代诗文阅读选本，并自费出版发行，赠送给周边学校，让学生们阅读。在武汉市中学语文界，他是第一人。

他所编撰的《小学生读古诗》，至今还被他的几代弟子们珍藏着，每每备课，弟子们都会用到。这本薄薄的小书，收录了100首小诗，每一首诗都被精心地做了通俗的注解。

1961~1984年，李绍正老师先后担任中国民主促进会武汉市市委委员、武汉市人大代表、武汉市政协委员等社会职务。李绍正一生以振兴教育为使命，身体力行，并为振兴教育而奔走呼号。

《复仇女神》翻译者李辛觉

李辛觉老师教语文，精通英文，翻译过不少英文诗歌和英文名著，如1980年出版的译著《复仇女神》等。《复仇女神》系英国侦探小说大师阿加莎·克里斯蒂著，是世界第二代侦探小说的杰出代表作之一。李老师的翻译，填补了当时此领域译著的一个空白。"文化大革命"结束后，李辛觉老师被调到了老江汉大学英文系任教。1989年《江汉大学学报》（社会科学版）发表了以他署名的文章《译诗管窥》。他认为，译诗是文学翻译，与非文学翻译是两回事。诗所传达的是诗人头脑中的产物，是诗人最深沉的、最个性的，而且是稍纵即逝的思想感情，否则便不是诗。南宋诗人陈与义的"忽有好诗生眼底，安排句法已难寻"最能说明这层意思。诗的语言和思想感情是融合无间的，其中渗透了诗人固有的文化素养。

李辛觉的这个观点，与他扎实深厚的国文功底，尤其是中国古典诗词的学养，是分不开的。早年到学校任教的年轻语文老师，大都见识过他对古典诗词的熟悉程度："张口就来""信手拈来"，随便提起哪首诗歌，李老师都可以从作者谈到背景，谈到创作趣话，谈到诗歌意象及其内涵。李老师惊人的记忆，脱俗的分析，让人对他肃然起敬。国家著名工艺美术师林子序早年就是师从李老师学习古代诗文的。

学校有位老师回忆说，那是某次政治运动的时候，他正面临朋友的揭发与批判，愕然中不禁十分悲凉。李老师看到了，特意坐到他的身边，递给他一张日历纸："你看过这两句诗吗？'丛菊两开他日泪，孤舟一系故园心'。"两行诗句工整秀丽地写在那张日历纸上。李老师压低声音讲解起来："家国多难，壮志难酬，寂寞独居，杜甫为天下苍生恨，为民族灾难忧。你看，杜甫是如何借自己境遇来描绘百姓疾苦的。杜甫希望返乡，离开成都，但是兵荒马乱，被迫留居长安，次年又被迫耽留夔州，眼睁睁看那丛菊花花开两度，这条返乡的船就是开不出去，只好停泊在异乡，不由泪从中来。"讲完，李老师又叫来语文组才女李霜枝老师，李霜枝老师的毛笔小楷是武汉四中一绝，端庄凝重。就着写大字报的办公桌，提笔濡墨，在一张白纸上把这两句诗写了下来。

李辛觉老师经过多年的历练，已经看淡许多事，但唯有中国文学，唯有牵挂在心的民族命运让他不敢看淡。《秋兴》的两句诗句，不但是李辛觉老师用来缓解这位老师被负能量影响到的情绪，更是用中国知识分子的家国良知启发和开悟他。

"做文字,还是'璞'和'真'最好。"李辛觉老师学富五车,才子盛名远扬,但最看不得"穿靴戴帽"一族的作秀。他认为语言要简明扼要,不要故弄玄虚。

承前启后的校长李永铮

1982年,名师李永铮被任命为武汉四中校长。1984年,他还"一肩挑",兼任党总支书记。学校在他的带领下,各方面工作都跃上了一个新台阶。

早在20世纪50年代就名满天下的李永铮,是武汉市劳动模范,全国科普积极分子,曾赴京出席全国科技群英会,受到了毛泽东、邓小平的亲切接见。他精通两门外语,翻译了多部国外的科普著作和物理教材,并发表了大量科普小品文。其中,《通往宇宙的道路》在当年的武汉晚报上连载两个月。他自制教具100多个,曾在教具博览会上获奖。他研究的物理教学成果,现在已经编入物理教材。

校长职位,为李校长践行先进教育思想,施展办校才华提供了舞台。

为了消除"文化大革命"给教师队伍造成的巨大伤害,打造一流师资,李校长从关心教师生活入手。他主持召开武汉四中首届教师代表大会,并着手解决全校教师的住宿问题,包括年轻实习老师,从根本上改善了教师的住房条件和生活条件。他还提倡业务冒尖,关心教师专业素养的提升。具体措施有举行综合性的教师课堂教学大比武活动、教学擂台赛活动,组织青年教师参加武汉市重点中学教师竞赛,送青年教师进修学习。整个学校形成了学而优、优则教的良好氛围,许多优秀教师脱颖而出。在武汉市优秀教师的行列、优秀班主任的行列，都可以看到武汉四中老师朝气蓬勃的身影。

1982年，他带领武汉四中进行了校园环境大改造，改善了硬件设施，还荣获"湖北省传统项目先进集体"；1884年，举办了湖北省中小学体育夏令营；1986年，武汉四中作为主赛场，成功举办了湖北省第四届中学生运动会。

李永铮校长以独到的国际办学视野、独树一帜的办学方式，传承了老博学开放多元的办学格局，开启了与国外名校交流的新征程，在武汉市首开先河。1985年，日本大分县"体育之翼访华团"来汉，专程拜访武汉四中，武汉市副市长高顺龄亲自到武汉四中主持双方田径和足球比赛，并在招待活动上欣然题词。1988年，武汉四中第一任校长马辅仁的儿子马可可带领杨格非中学来校参观访问。李校长广开渠道，开拓各种资源，对外广为宣传武汉四中"勤朴博学"的光荣办学传统和辉煌业绩，为武汉四中站在全新的起跑线上奠定了坚实的基础。加拿大伊宁学校，美国哥伦比亚国际学院、澳大利亚亚南学校、英国杨格非中学、日本大分中学等，都成为学校办学规划中国际教育的布点。

李永铮不论是做教研组长、年级组长，还是后来担任校长，他都是学校最活跃的一分子，用他的大手，拉起无数双手，创建了武汉四中新发展的"大厦"，成就了无数优秀老师与学生。在他兼任党总支书记的时候，他积极工作，推荐优秀教师加入党组织，为党组织输送新鲜血液。

武汉四中在李永铮校长的带领下，发生了巨大的变化，不仅传承了学校优秀办学传统,而且在学校新规划方面也取得了骄人的成绩。

6 十年浩劫(1966~1976)

1966年6月,"文化大革命"开始。"文革"工作小组进驻武汉四中,接管了学校的党政工作,领导学校开展"文化大革命"。随后,校园内出现了铺天盖地的大字报,成立了"红卫兵"组织。身穿草绿色的军装、臂带红底黄字的"红卫兵"臂章成为当时学生们着装的时尚。红卫兵小将们停课闹革命,往日书声琅琅的校园转眼间成了批判"反革命"的阵地,革命歌曲响彻校园。

随着"文化大革命"的爆发,学校正常教学秩序受到严重破坏,学校废除"三表"(课程表、教学计划表、作息时间表),取消"三中心"(课堂中心、教师中心、书本中心),教学秩序混乱。1966届初、高中毕业生没有举行毕业考试,没有颁发毕业证书,他们都被留校闹革命。1966年8月,上级命令撤销"文革"驻校工作组,成立了新的"文革"小组,并将武汉四中改名为"武汉市反帝中学"。当时,随着全国形势的发展,师生们开始了大动员和全国"大串联"。师生们奔赴全国各大城市,批"走资派",筑反帝反修的"钢铁长城"。为适应"文化大革命"的需要,全国各地建立了"文革"接待站,红卫兵小将们坐车、吃饭不花钱,"大串联"的劲头更足了。随后,学校出现各种各样的"文革"组织。各组织展开了激烈的大辩论、大批判活动。各派别在"文斗"的同时也开展了"武斗",在校园里大搞"打、砸、抢",美丽的校园惨遭破坏。

1967年,自上海发生了王洪文夺取党政领导权的"一月革命"后,全国各地在很短的时间里,掀起了从中央各部门到地方各级党政部门的全面夺权风暴。各造反派之间为夺权展开了激烈的斗争,许多地方发生武斗,党政机关陷于瘫痪,生产遭到严重的破坏,全国陷入空前的混乱之中。随后"军宣队""工宣队"陆续进驻各个学校,成立革委会,学校停课闹革命,"老三届"学生接受上山下乡教育。

"文化大革命"期间,政治课改为毛泽东思想教育课,主要学习毛主席著作和语录及《人民日报》《解放军报》《红旗》等的重要社论。阶级斗争成为思想教育的一门主课。中学以阶级斗争为纲,一度出现"三忠于"(忠于党、忠于人民、忠于毛主席)、"四无限"(对毛主席要无限忠诚、无限热爱、无限崇敬、无限敬仰)、"早请示、晚汇报"等教条化、模式化、公式化的教育。受极"左"思潮的毒害,学生们高喊"革命无罪、造反有理"的口号,各校纷纷建立红卫兵组织,成立毛泽东思想战斗队,停课闹革命,串联工厂农村,学校无政府主义思潮泛滥、"读书无用"思想盛行,学生道德品质下降。1972年,学校恢复政治课。1973年,各校开展"学雷锋,见行动"活动。

1969年,武汉柴油机厂接管学校,原来的军宣队、工宣队离校。柴油机厂派厂"工宣队"主管学校的政治思想工作。

同年，武汉市第四中学的校名得到恢复。这年春季，学校开始招收新生1077人，设21个班级，加上原1969届的4个班，全校共计25个教学班，学生总数达1300人。学校部分教师和干部陆续恢复了工作。学校改变70年男校的办学模式，开始招收女生；改班级制为连排制，班主任改称排长，全年级组成一个连，设连长、副连长和指导员等职位，实行半军事化管理。

1970年，学校改为五年制，实行"三二"分段，即初中三学年，高中两学年。同年12月，经中共硚口区革命委员会核心领导小组批准，武汉市第四中学成立革命委员会，由周歧彦任革委会主任，李玉奎、王乐善、侯永乾任副主任，同时成立政工、教育、办事三大组，作为学校常设机构。

1971年8月，《全国教育工作会议纪要》出台，全盘否定了建国17年的教育工作。同年，部分教师下放到农村劳动改造。不久，江青集团又炮制了"让工人阶级占领学校""彻底打破资产阶级知识分子统治学校的局面"等方针。人民教师被视为"臭老九"，同地主、富农、反革命、坏蛋、右派这些"五类分子"为伍。许多教师尤其是有学问的教师被视作"反动权威"，受到批斗，身心受到严重摧残。教师的政治地位和社会地位降至社会最底层。

1972年，学校实行"开门办学"，参加劳动和社会活动取代课堂教学。

1973年下半年，国家再次动员学生"上山下乡"。武汉四中学生主要下放到东西湖泾河农场、荷包湖农场。1974年，学生下放改为按战线下放，采取厂社挂钩、对口安置的办法。

1974年6月，武汉柴油机厂派往武汉四中的"工宣队"进行人事更换，由罗青山接任周歧彦的工作。罗青山一上任就雷厉风行地推行"教改"工作。学校组织全体师生赴监利县中学参观，学习该中学破除"以教师为中心，以教材为中心，以课堂为中心"的大"教改"经验，进一步落实"学工学农""开门办学"工作。随后，武汉四中在汉阳县（今蔡甸区）黄陵乡办起了学农分校。师生们每周都要步行60多公里到学农分校劳动。该地区是血吸虫的重灾区，学校学农办事组组长张忠跃因感染血吸虫病医治无效而病故。后来，学校又在武昌县（今江夏区）大桥公社开办了第二学农分校。

当时学校开设的课程主要是政治、语文、数学、工业基础、农业基础等。学生们较感兴趣的是学唱《红灯记》《沙家浜》等革命样板戏；还热衷于开拖拉机、修柴油机和参加毛泽东思想宣传队。武汉四中根据学生的情况开办了铸造车间，组建了红医班、毛泽东思想宣传队和体育运动队。

"文革"期间，政治斗争不断，教育更是重灾区。在这种恶劣的环境下，武汉四中的教职员工排除各种干扰，忍辱负重，清廉自守，学校的教学器材、生物标本、图书、学籍档案基本保存完好，在教育界实属罕见。

7 契机发展（1977~2003）

1977年11月，武汉柴油机厂"工宣队"撤离武汉四中，结束了工厂管理学校的愚昧历史。1978年年底，上级决定武汉四中由武汉市教育局直接领导，郑长林任校长，恢复校长室、教导处、总务处等教学行政机构，撤销政工组。郑长林校长深知"文化大革命"对师道尊严的践踏，并为教育遭受的巨大破坏痛心疾首。他实事求是地为教师清查档案，重建档案。有一位老教师，年轻的时候，曾经在报社做编辑，报社集体加入了国民党，尽管时间很短，但是档案里面有记录。郑校长认真调阅了他的所有档案，深入教师和群众进行调研，了解到这位老师的教育忠诚与教学建树，之后，郑校长立即按照政策给他平反。一位刚毕业到学校就遇上反右派斗争，被打成"极右分子"而劳教几十年的胡姓老师，也是郑校长亲手把他接回并安排了合适的岗位，帮助他建立家庭，还安排其家属在学校食堂工作。

下放到农村、受到不公正待遇的教师逐步返校，重新恢复工作，学校还妥善地安排了他们的子女入学或就业。为解决老师们的后顾之忧，学校按照党的政策解决了多名教师夫妻分居的问题。在教育经费十分紧张的情况下，学校努力改善教师的住房条件和生活条件。

面对教师队伍青黄不接的状况，学校安排青年教师进行专业进修，争取学历达标；请优秀教师延迟退休，搞好"传、帮、带"；大力鼓励老师在岗位上成材、在业务上冒尖。这些举措极大地调动了教师们的工作热情，使他们在工作岗位上勤奋耕耘，以实际行动迎接教育春天的到来。

1982年4月，"三李"之一的物理教师李永铮当选为校长。同年10月，武汉四中首届教代会成立，武汉市教育局二片党委书记陈书记及市局工会有关负责人参加了开幕式。会上，李永铮校长做工作报告，提出了新的岗位责任制，制定了各项规章制度。教代会的建立，为民主办学、民主管理等各项工作的开展奠定了基础，并发挥了重要的监督作用。在1952年胡儒珍校长请辞以后，虽然历任校长积极努力，希望重铸博学的辉煌，但苦于客观条件的限制，抱负未能实现。从某种意义上来说，李永铮校长是幸运的，他带领武汉四中成功地走出了多年低迷的徘徊期，不仅在传统项目的传承上缔造了新的辉煌，而且引领武汉四中在一流队伍、一流校园、一流质量、一流规划的打造上，做出了骄人的业绩。

1982年，湖北省教委、体委命名武汉四中为"湖北省传统项目先进集体"。在命名大会上，大会组委会特地邀请武汉四中1968届的校友刘卫平同志回母校做报告，介绍他在世界大学生运动会和亚运会的赛艇比赛中为中国夺得五枚金牌的事迹。同年，武汉市教育局拨700万元经费改建武汉四中大操场。学校抓住这一契机，对校园环境进行了大规模改造，维修了钟楼、教堂、图书馆，建造了凉亭、花坛、假山、中心花园、长廊等，校园面貌有了较大改观。

1984年9月，学校大操场改建完工。不久，在省"跃进杯"比赛中，武汉四中足球队获冠军。1974~1984年，武汉四中足球队先后参加了武汉市的"三好杯""希望杯"和"幼苗杯"等比赛，共获得12次冠军、5次亚军，成为武汉市体育界的一大佳话。1984年年底，武汉四中新建的教工宿舍完工，部分中老年教师的住房问题得到解决。同时，学校改建了教工浴室、幼儿园、食堂、健身馆、青年馆、生物实验室、化学实验室和现代化语音实验室等,武汉四中的校容校貌,办学的硬件、软件设施都迈上了一个新台阶。因此,武汉四中党总支荣获武汉市教育局授予的"先进党支部"称号,武汉四中工会获武汉市教育局工会第一批授予的"合格职工之家"的称号。

1979 年武汉四中获中学生运动会足球赛第一名

为了全面提高学校的教育教学质量,全校上下以《新课程改革实施纲要》为指导,大力推进素质教育和教育教学质量的提高。具体做法主要有以下几条。

第一,在先进的教学理念指导下,构建完善的教学管理体制,形成完备的教学管理网络。具体教学管理框架为:校长—

分管副校长—教导主任—教研组长、年级组长—备课组长。这种教学管理结构层层负责，相互配合。此外，学校还建立和完善了教学管理系列规章制度，并强化落实。如《武汉四中教职工劳动纪律管理制度》《武汉四中听课制度》《武汉四中集体备课制度》《武汉四中教学质量阶段性目标管理与奖励方案》《武汉四中教学质量终端目标管理与奖励方案》《武汉四中教学常规管理制度》《武汉四中教学科研管理制度》等。为了提升教师的理论涵养，学校建立了教学管理研究体系，定期开展研究活动，并形成了校长室—教导处、教科室—教研组、年级组的管理结构，有效地促进了学校教科研水平的提高。

第二，坚持五个观念的转变，使武汉四中从实施应试教育逐渐向实施素质教育转变。即从"注重知识传授"转向"注重学生的个性发展"；从"注重教学的结果"转向"注重教学的过程"；从"以教师为中心"转向"以学生为中心"；从"教师权威的教授"转向"师生平等的交流对话"；从"评价模式的单一化"转向"评价模式的多元化"。

第三，全面落实课堂教学的新模式，注重各类学生的情感体验，注重每个学生的个性存在，尊重学生的人格发展，宽容他们的幼稚与错误，鼓励他们发表富有个性和独创性的见解。在这些探索中，学校各学科基本上形成了课堂研讨式的学习操作模式。如数学是"定向—质疑—求解模式"；物理是"联想—实验—推导模式"；生物是"预习—发现—论证—记忆模式"；化学是"观察—假设—实验模式"；语文是"自学质疑—品读交流—拓展体验模式"；英语是"主题—活动—记忆模式";政治是"抛锚—自学—协作模式";历史是"专题—调查—迁移模式";等等。

第四,开发校本教材,完善选修课制度。武汉四中历史悠久,底蕴深厚。为了充分挖掘和利用学校资源,教导处部署开发语文、德育、奥数、休闲教育、历史、校史读本、书法等校本教材。学校还开设了多科类选修课程,如数学、英语、理科综合、文科综合、田径、足球、计算机、音乐、美术等,以从课程设置上为每位学生的健康成长提供保障。根据课程的设置和学生的自主选择,学校开设了各科类选修班,如理科实验班、文科实验班、英语特色班、美术特色班、田径试点班等,选修班因材施教,让学生学有所长。为了较好地衡量学生的个性发展情况,学校还推行了学分制管理。学校从2003年高一年级开始试行学分制。学分制以三个阶梯促使学生全面发展:以"基础学分"促进学生全面发展,以"选修学分"保障学生升学需要,以"奖励学分"鼓励学生发展特长,让学生自主选择自己的成才道路和发展方向,满足学生个性化成才的需要。

第五,开展教师等级课比赛,改进教师课堂教学方法。为了提高教师驾驭课堂的能力,学校在全校开展等级课比赛,并邀请省市著名专家参加。比赛由这些专家担任评委,并对教师的讲课进行考核与指导。学校对讲课优异者授予"岗位能手"称号,对教学效果差的教师提出整改意见。这一举措促使教师重新审视自己的教学行为,调整心态,潜心教学,提高课堂教学质量。

1985年4月,武汉四中第一届教代会第五次会议隆重召

20 世纪 80 年代武汉四中学生的送温暖活动

开。李永铮校长在工作报告中描绘了学校发展的宏伟蓝图,并指出,学校会在短时期内建设好教学区、生活区和工厂区,使武汉四中的发展迈上快车道。

武汉四中加强与国外名校的交流,并尝试与其联合办学。学校曾运作和加拿大怡宁学校、美国哥伦比亚国际学院、澳大利亚亚南学校、英国杨格非中学等联合办学,从而有效地拓展办学思路,为学校的可持续发展奠定了良好的基础。

1993 年,李永铮校长退休,刘启智任校长。1995 年,武汉四中获得全国第六届中学生运动会的主赛场资格。国家体委、国家教委以及省市政府,各级体委、教委对此高度重视。湖北省副省长韩南鹏等党政领导,体委、教委各主要领导都先后莅临学校指导。学校在狠抓教学质量的同时,大力倡导体育活动，每一位师生都积极投入到前所未有的体育健身热潮之中。"人人有特长，个个能参赛"成了全校最受欢迎的口号。学校田径队、足球队在各级赛场上佳绩不断，捷报频传。尤其是在田径赛场上，武汉四中代表队几乎囊括了国家级、省级、市级各项金牌，站在了中学体育赛场的巅峰，并开启代表国家参加世界中学生田径锦标赛的光辉历程。学校的传统体育特色形成了国家级、世界级的品牌效应，特色品质空前提升。

1997年，刘启智校长被调走，詹楚民任校长。在一所有着"勤朴博学"办学传统的百年老校，如何做好传承百年伟业的大文章？一贯尊重教师、尊重团队成员的詹校长决定向"教师队伍上台阶""班子管理上台阶"要答案。号称"福将"的詹校长惜才、助才，甘当"人梯"。1998年，武汉四中被湖北省政府教育督导室评为"首批湖北省示范高中"。喜讯传来，全校师生欢欣鼓舞。当时，湖北省只有6所高中被纳入首批，这是政府对百年老校"勤朴博学"办学业绩的历史认定。

武汉市人民政府授予武汉四中"武汉市体育先进学校"，武汉市委宣传部、市教委、团市委、市教育工会联合授予武汉四中"先进集体"称号；1999年学校被评为"湖北省园林式学校"；2000年至今学校每年均荣获"湖北省文明单位"荣誉称号；2003年后学校又先后被评为"武汉市共青团工作十佳示范学校""武汉市校园文化建设十佳单位""武汉市十佳先进基层党组织""硚口区名学校"等。

8 突飞猛进（2003年至今）

校园面貌焕然一新

百年博学，历史悠久，底蕴丰厚。然而，作为师生主要通道的校园南大门，处于银行与邮局的高层建筑夹缝之中，校门狭小，门口摊贩夹道，师生出入不便而且极不安全；教学楼为东西向，且毗邻喧闹的田径场；实验楼、办公楼年久失修。

2003年，武万忠任校长。新的领导班子组建后，学校的发展历史又翻开了全新的一页。学校借武汉市第七届城市运动会召开之机，乘优质高中建设之风，在硚口区委、区人大、区政府、区政协、武汉市和硚口区教育主管部门的高度重视和大力支持下，筹划从2004年起实施的三大工程，自此，学校开始了第二次创业。武汉市政府斥资1.5亿资金，实施武汉四中校园整体改造工程。经过近6年的团结奋战，艰苦努力，学校的面貌发生了巨大变化。

重新规划、改造后的校园分为教学区、生活区、办公区、运动区四大区域。学校占地面积180亩，生均71平方米（2007年年底资料，下同），建筑面积39298平方米，其中教学用房建筑面积12631.56平方米，生均7.7平方米。学校拥有宽敞明亮的教室50间，理化生实验室12间，计算机室3间，多媒体教室4间，音乐教室、美术教室、文艺科技活动室等功能室10间。学校消防设施配套完备，还设置了残障人士的通道和专用厕所,有近700个座位的博学礼堂堪称一流,全部理化生仪器设备均按国家一类标准配备,生物标本长廊在省市享有盛誉。学校田径场、体育馆、游泳池等体育设施及器材也是全国一流。教师也有设备齐全的健身馆和体育活动室。图书馆的使用面积为1122平方米,藏书61538册,生均37册,较好地满足了教师教学和学生阅读的需求。

走进武汉四中校园,人们不难发现,"博学文化"是校园文化的主题,也是学校建筑的灵魂。学校的两条主干道——隆平路和华宝路,分别取自著名校友袁隆平院士和林华宝院士。校内还有园林景观桃李园、百草园、涌泉。学校的建筑无不诠释人本思想。宽达17米的开放式大门,方便师生的出入;10000平方米的博学广场,花香扑鼻,绿色养眼,两边花坛之间铺上了大理石,中间留足了学生活动的大片空间;气势恢宏的行政楼内,设有武汉市名师工作室、硚口区首席教师工作室、特级教师工作室、教研组活动室、学生文艺室、科技活动室、心理辅导室及其他服务师生的功能室;设备先进的博学礼堂,是各年级学生举办各类比赛、集会的演艺场;宽敞的图书阅览室能同时容纳500余人阅览,图书馆还建成了电子借阅系统,借阅便捷、管理规范;两栋教学楼和一栋科技楼呈E字形结构布局,各层连廊,让师生不淋雪雨、不顶骄阳。宽敞明亮的教室安装了人性化的移动金属黑板,并实现了音频网、视频网、教学网三网合一,为老师们运用现代信息技术进行教学创造了条件。

古朴典雅的钟楼教堂,承载着岁月的厚重与沧桑;苍劲挺

设施先进的博学礼堂（2005年建成）

气势恢宏的行政楼（2005年建成）

拔的榔榆银杏，见证了学校的发展与辉煌。现在的校园，环境建设融文化、绿化、美化于一体，美观大方，景物宜人。改造后的武汉四中，教学区、生活区、运动区、办公区分明，古今建筑协调，中西文化融合，场馆设施先进。此外，惜时园、桃李园、百草园、紫薇园、涌泉等景观点缀其间，校园建设可谓中西合璧，古今交融，格调高雅，气势恢宏。学校教学设备齐全，功能完善，硬件设施堪称全国一流。

百草园一角（2007年建成）

学校在打造高品质硬件设施的同时，也在深入研究理念文化、历史文化、行为文化、景观文化和教室办公室文化，努力打造高品位的人文环境。在武汉四中的育人文化中，学校传承"勤朴博学"的传统校训，树立"开放创新，个性发展"的办学理念，传扬"敢为人先、与时俱进"的博学精神，体现"崇尚科学、崇尚个性"的培养目标。当置身校园，学生们沐浴在武汉四中特有的文化春风里，自然会感受到自己生活在能够成就自己未来梦想的乐园里。

锤炼办学理念　促进科学发展

一所学校的科学发展，需要先进的理念引领；而保持理念的先进性，就要与时俱进，不断丰富理念的内涵，适时拓展理念的外延。武汉四中"个性发展"办学理念的确立，就经历了传承和提升的过程。

博学书院创始之初即提出"勤朴博学"的校训，诫勉师生勤奋朴实，博识善学。其中"勤朴"是一种治学精神，"博学"既有治学方法，又含办学方向，即鼓励广大学子广泛涉猎文史、经学、自然、外文、体育、艺术等知识，广学博取，培养多方面的兴趣和能力。

博学书院改为博学中学后，学校继续坚持"重理算，授生化，修自然，习英文，强体魄"的方针，体现了"身心健康、学有专长"的人本思想和特色教育方向，并形成了"理科、英语和体育"三大特色教育，培养了以袁隆平院士、林华宝院士为代表的科学家、政治家、外交家、文学艺术家等各类优秀人才。

20世纪末期，武汉四中提炼出"全面+特色"的教育模式，这与传统的办学方略是一脉相承的，体现了"全面合格加某项特长"的培养目标和办学方向。

根据学校早期的办学方略及近期的教育模式，结合现代教育思想，考虑学校发展的需要，2003年校长室提出"以人为本、个性发展"的办学理念，该理念得到校领导班子的一致认同。2004年学校在传承历史的基础上，提炼出以"人本"思想和个性发展为核心理念的"个性化教育模式"，并经教代会讨论、修改，获全票通过。经过两年的论证和实践，2006年学校将这一办学理念写入《武汉四中"十一五"发展规划》，再次获得全票通过。2007年经湖北省人民政府教育督导室专家和学校校长室研究论证，"以人为本、个性发展"的办学理念又被提炼为"个性发展"。2012年，经湖北省学校文化研究会专家团队论证及学校教代会讨论通过，学校理念最后确定为"开放创新，个性发展"。这一理念是对"全面+特色"理念的传承和提升，它不只追求学生各方面的成绩合格和一技之长，更关注学生个性品质的优化和人格的健全，更强调激发学生个性化潜能；它不只强调教学以学生为本，更强调办学以教师为本，关注师生双边的个性优化；它不只强调学生当前具体成绩和特长的及时展现，更关注学生人文素养和终身发展；它是学校办学思想不断丰富与完善的体现。

这种较为完善的办学思想可概括为：秉承"勤朴博学"的先师校训，坚持"开放创新，个性发展"的核心理念，构建"个性化教育"的教育模式，形成"学生个性发展、教师专业发展、学校特色发展"的办学思路，构建"以理科为主体，以文科和术科为两翼，突出英语和体育两大特色"的办学格局，践行"培养崇尚科学、崇尚个性的创新型人才"的培养目标，实现"争创全国素质教育示范学校、全国文明单位"的奋斗目标。"开放创新，个性发展"的办学理念，是武汉四中在多年办学实践的基础上总结提炼而成的，武汉四中就此办学理念多次在武汉市区交流，并在《中国教育报》《中国教师报》《新华月报》《人民教师》《湖北日报》《长江日报》等主流媒体及各类网站发表相关文章，产生了较大的社会影响。为实现"理念引领实践、实践丰富理念"的目标，学校组织了多场办学思想报告会，组织了学习、论证、实践办学思想的考试和论文比赛，组织了各处室、各教研组贯彻办学思想的研讨会，使这一办学思想深入人心，渗透到全校干部、教职工的工作实践中，成为引领学校科学、持续发展的指导思想。

加强队伍建设　夯实发展基础

高素质的教师队伍是一所学校的核心竞争力。为此，学校确立了"以人的发展促进学校发展"的理念，遵循"尊重人、关心人、培养人、依靠人、发展人"的基本思想，加强干部和教师两支队伍建设，促进人与校的和谐发展。

近几年来，学校强化干部队伍的思想理论建设、作风建设和组织建设，学校领导班子逐步成长为有思想、有经验、有干劲、有能力的领导集体。学校建立健全了学习制度，每周组织干部学习政治理论、教育理论、法律知识和专业知识，定期检查领导干部的学习笔记，定期组织心得交流会，每年组织干部进行理论学习、论文评选和测试；选派干部参加党校培训、国内外理论研修和观摩学习等。

为锤炼一支高素质的干部队伍，新的领导班子强化作风建设。如抓勤政，学校要求干部勤谋划、勤指挥、勤干事，深入教育教学第一线，校级干部蹲点年级组、带头上课、带头讲座、带头科研、带头听课、带头服务，发挥勤奋工作的表率作用，带出勤奋工作的校风。抓亲民，干部经常与教职工进行思想交流，经常家访，解决教职工家属看病、子女上学和就业、购房贷款、职工健身等困难，干群建立了大家庭般的亲情及和谐关系。抓廉政，学校干部养成了勤奋、廉洁、亲民的好作风。此外，学校党政领导还强化组织建设，坚持民主集中制的组织原则，培养在职干部，选拔优秀青年骨干充实干部队伍，使学校干部"当前能干好事、以后能接好班"。

建设一支高素质的专业教师队伍是学校可持续发展的根本保证。

近几年来，学校通过实施"三项工程"（师德工程、教师专业化发展工程、骨干教师队伍建设工程），加强了"三项建设"（师德建设、师能建设、人才梯队建设），达到了"五项目的"（扬师德、铸师魂、塑师品、强师能、树师风）。

奉献是师德的核心。为了扬师德、树师风，学校大力倡导教师敬业、爱生、奉献的精神，每学期组织教职工学习英模献身教育的感人事迹，并召开师德报告会。学校每年开展评选师德先进个人、先进班级活动，涌现出了一大批立志终身奉献教育事业的师德标兵。为形成教师们恪守师德规范的风气，学校多次组织学习市教育局制定的《中小学教师职业道德规范》，还结合本校实际制定了《武汉四中师德规范》，诚勉教职工恪守职业道德，遵守教育法规。学校坚持学生评老师、老师评领导、老师和家长评学校的做法，每学期进行师德考核、师能考核、业绩考核、劳动纪律考核，并以"三评四考核"为依据实施聘用制，实行双向选择、统筹协调。

为加强师资队伍建设，学校采取了以下措施。

一是制定规划，确定目标。为促进教师业务能力的提高，学校大力抓师能建设，练师功，强师能。学校制定了《教师队伍建设暂行办法》《武汉四中名师管理条例》等，对教师队伍发展的数量和质量提出了明确的目标。

二是专家引领，校本研修。学校的8位特级教师组成了专家指导组，学校又聘请了22位湖北省特级教师组成"武汉四中名师顾问团"。这30位专家长期指导学校各学科中青年教师的理论和专业研修，指导课堂教学。在专家们的引领和推动下，学校建立了备课组每周一次集体备课和每周一节听课评课制度，建立了教研组间周一次专题研讨和教学交流的制度，形成了浓厚的学术氛围。一批中青年教师更新了教育观念，丰富了理论涵养，提高了专业水平，增强了教学能力，20多位年轻教师曾在全国优质课比赛、全省优质课比赛、全市教师五项技能比赛中获一、二等奖。

三是课改带动，科研推动。学校坚持在课程改革和教育科研中锻炼教师、磨炼队伍。为了推进课改，更新观念，学校先后邀请中国教师发展基金会秘书长杨春茂、教育部基础教育课程教材发展中心主任曹志祥、中国教育学会常务副会长谈松华、"全国语感教学流派"创始人洪镇涛、著名特级教师魏书生等专家来校讲课讲学。为了提高老师们的科研能力，学校争取了8个国家级课题、4个省级课题、3个市级课题的科研项目，100多位老师参与研究与实验。老师们在2011~2013年发表及获省级以上奖的论文有200余篇。全校教师主动研究新课程，掌握新理念，运用新方法，有力地推动了课堂教学改革，有效地提高了教育教学质量。

为打造一支结构合理的骨干教师队伍，学校分层次、定目标，抓梯队建设。为了解决好"传、帮、带"问题，保证骨干队伍后继有人，学校将省特级教师、省学术带头人、省骨干教师、省市专家、市区名师、市区学科带头人、市区优秀青年教师等骨干教师按年龄划为4级梯队，各梯队间既拜师授徒，又互相学习，互相借鉴，互相促进。这样，教师梯队既提升了素质，又解决了传承问题，同时教师之间消除了代沟，建立了和谐的同事关系。

2009年4月，武汉市教育局公布，在全市普通中小学、职业学校建设37个名师工作室，其中就有武汉四中特级教师王先海、高文桥，他们分别成为武汉市中学语文和中学体育的掌门人。硚口区教育局组建学科首席教师工作室，武汉四中先后有王先海、高文桥、金北群、李文溢4位特级教师荣任首席教师暨工作室导师。此外，武汉四中首席教师还有湖北省数学特级教师吴校红老师。

一 跨越三个世纪 69

王先海①　　　　高文桥②

吴校红③

① 王先海，全国优秀教师，湖北省特级语文教师，武汉市十大名师之一，武汉市教育局"王先海名师工作室"导师，享受武汉市人民政府特殊津贴。任第二、第三、第四届硚口区中学语文首席教师暨工作室导师。被授予第四届硚口区"突出贡献人才"。
② 高文桥，国家级裁判员，湖北省特级体育教师，湖北省名师，享受武汉市人民政府特殊津贴。任中国中学生裁判委员会委员、湖北省裁判委员会委员、第一届至第四届硚口区中学体育首席教师暨工作室导师。
③ 吴校红，湖北省数学特级教师，湖北省优秀数学教师，黄冈市教育名师，中国数学奥林匹克一级教练。

金北群①

李文溢②

---

① 金北群，湖北省特级化学教师，湖北省优秀化学教师。任第三届硚口区中学化学首席教师暨工作室导师。
② 李文溢，湖北省特级数学教师，湖北省优秀数学老师，中国数学奥林匹克一级教练，硚口区拔尖人才。任第四届硚口区中学数学首席教师暨工作室导师。曾被武汉市授予"优秀班主任"称号。

步入21世纪，在新一轮基础设施改造中，武汉四中按国家Ⅰ类标准建成了理化生实验室、多媒体教室、计算机教室，确保学生理化生、计算机等课程的学习；在实验室三楼还建造了生物标本长廊。学校还定期举办科技图片展和科技比赛，一大批武汉四中学子脱颖而出。2000届学生陈光辉，于1997年9月在北戴河举行的第四届全国珠算技术比赛中获全能、加减算、乘算、除算、账表算、传票算6枚铜牌，打破全能、除算2项全国纪录，平乘算全国纪录。2003届学生朱庆瑛、元红花两人，于2002年10月在北京举行的首届全国珠心算技术比赛中表现优异：朱庆瑛获全能、加减算、账表算3枚金牌，打破全能、加减算、除算、账表算4项全国纪录，创全能、加减算、账表算3项全国新纪录；元红花获全能、传票算2枚金牌，打破全能、加减算、除算、传票算4项全国纪录，平乘算全国纪录，创传票算全国新纪录。2006届学生王侃侃，于2005年8月在江苏南通举行的第二届全国珠心算比赛总决赛中获个人全能金牌及选手组团体银牌各1枚。2007届学生陈冉冉3次夺得珠心算世界冠军，刷新世界吉尼斯珠心算纪录，并于2006年4月获全国中学生"正泰"品学奖优秀奖。2007年11月，陈冉冉参加由中央电视台《正大综艺》栏目录制的《吉尼斯中国之夜》活动，挑战由六至十位数共15笔数、120个数码字组成的加减乘心算，创1分钟算对4题的世界吉尼斯加减心算纪录，并以1分钟算对8题挑战成功。继陈冉冉之后，2009届学生朱玉婷，于2009年8月代表中国参加由世界珠算心算联合会在天津举办的第三届世界珠心算比赛，荣获选手组团体冠军、个人全能第三名，并得金牌2枚。2013届学生徐美多，于2011年8月参加由中国珠算心算协会在江苏南通举办的第三届全国珠心算比赛，获选手组团体冠军、个人全能第二名，并得金牌2枚，打破并创造全国乘算纪录。徐美多还于2012年8月代表中国参加由世界珠算心算联合会在山东济南举办的第四届世界珠心算比赛，获选手组团体冠军、个人全能第二名，并得金牌2枚。2005年，武汉四中漆亚光等同学的风力推进器、弹力鞋、水能发电机成功申报了3项国家专利。王璇、梁晗、霍通、林勤、徐磊、韩雯雯、张超、薛越、晏轶超等同学在理化生、信息技术等学科竞赛中共获得20余项国家级大奖和30多项省级一等奖。近年来，武汉四中一批理科尖子生考入清华大学、北京大学、中国科技大学、中国人民大学、上海交通大学、复旦大学等名校，理科实验班高考重点大学的达线率为80%。2008年高考，武汉四中本科第一批达线率和保优率名列湖北省示范高中第一位，文理科本科第一批达线同比增长人数名列全市第二。2009年高考，武汉四中韩莹夺得硚口区文科状元，张超以682分位列全省理科第五名、全市第三名，夺得江北4个区的理科状元。2010年高考，武汉四中王卓、廖思颖被北京大学录取。武汉四中一再刷新"低进高出，高进精出"的办学佳绩。

武汉四中以优异的教学成绩和丰硕的科研成果享誉江城。武汉四中的高考升学率多年均在98%以上，连续多年高考文理科达重点线、本科线人数在武汉市同类学校中居领先水平，学校连续15年荣获区"高中教育质量特优单位"称号。20世纪90年代以来，曾荣获袁隆平奖学金的武汉四中学子昂首跨入全国重点大学，如苏红兵、张曦、朱露莎、邵建军、熊斌、张恒、叶孝慈、张超、高云、胡冰、杨涛、邓海桑、冯翼、沈吟、赵明、王杉、黄晋平、余璇、王卓、廖思颖、韩莹、朱玉婷、薛越、李霁欣、王昕熠、李心怡、肖梦简等同学考入北京大学、清华大学、中国人民大学、中国科技大学等全国重点名校。

学校坚持博学书院初期提出的"重理算、授生化、修自然、习英文、强体魄"的办学方向，传承科技传统，推行"开放创新，个性发展"的办学理念，与省、市、区科技局联手开设发明创造、科技制作、数理化及信息学奥赛等校本课程。

2012年春，朱天元出任武汉四中第25任校长。朱天元曾先后在两所省级示范学校及一所市级示范学校担任校长。雷厉风行、严谨用心、业绩斐然是他做校长的口碑。上任伊始，朱校长就提出了"我们在一起"的工作理念，努力构建和谐校园，促进学校人际关系和谐。武汉四中遵循"尊重人、关心人、培养人、依靠人、发展人"的基本思路，加强教师队伍建设。对学生，学校提出"关注学生一程，幸福学生一生"的理念，武汉四中每学期都要开展"家长评校""学生评教"活动。学校还设置了校长信箱、德育博客等师生交流平台，"家长学校"让社会、学校、家庭融为一体。走进武汉四中，经常会听到谈话中有"我们四中""我们学校"的字眼，言语中充满了骄傲和自豪。一所学校能让身处其中的领导、老师、学生和家长都如此热爱，这所学校必将拥有更加广阔的前景！

2012年高考，武汉四中本科第一批达线人数208人，达线人数和高分段人数均居武汉市同类学校前列，保优率位居武汉市同类高中学校第一，并在全市高中工作会议上做了《低起点创造高质量，新观念促进新发展》的经验交流报告。中考质量也创武汉四中历史新高，初三中考的普高率占全市第三。

2013年高考，武汉四中再创新高，本科第一批达线人数211人，区文科状元以绝对高分雄踞榜首。肖梦简、魏观两名同学参加少年班高考，分别取得598分和586分的好成绩。武汉四中又一次成功刷新了"低进高出、高进精出"的历史纪录。2014年高考，武汉四中再续辉煌：600分以上27人；肖梦简以675分的高分夺得硚口区理科状元，被清华大学录取；魏观以660分夺得硚口区理科"榜眼"；硚口区文科前五名，其中有武汉四中3名学生。武汉四中新一届领导班子——朱校长的团队向社会交出了又一份满意的答卷！

此外，武汉四中田径队在全国中学生运动会上获女子团体总分第一名，武汉四中足球队在湖北省U－17足球锦标赛上获得冠军。在首届湖北省特色项目学校体育竞赛中，武汉四中夺得6个项目中的5块金牌。2012年11月，武汉四中成功获得2015年世界中学生田径运动会承办权。这是该赛事首次走出欧洲，走进亚洲，首次在一所中学举行。

2015年世界中学生田径运动会在武汉四中的举办，是学校首次以整体形象向世界亮相，也是武汉四中发展的又一次良好机遇。学校决定借此契机，全面更新现代信息技术平台，培养特色教师，全面打造理科和现代信息技术的办学特色。

二 厚重博学

1 以人为本的校园文化

武汉四中历史悠久,自博学书院开办以来,就形成了中西文化融合的传统校训"勤朴博学",这是科学与人文并举的办学思想。今天学校秉承"勤朴博学"的校训,发展"学有专长、身心健康"的办学方略,确立"开放创新,个性发展"的核心理念,构建"个性化教育"的办学模式,开创"多元化"的办学体制,践行"勤朴向上、博学创新、个性鲜明、人格健全"的培养目标,努力实现"建设优质高中、争创全国千强"的办学目标。

"博学文化"是武汉四中·博学中学的主题文化。具体解读如下。

主题文化:博学文化

博学,即"广博致远,思辨笃行"。

主题，是学校办学历史认同的核心价值观，是学校的核心竞争力，是区别于他校的文化特质。

"博学文化"的主题源自学校传统校名。"博学文化"既蕴含中华传统文化的精髓，又体现中国现代教育文化的先进理念。办校110多年来，它深深植根于学校发展建设的历程中，也深深植根于新老几代博学人的历史认同中。博学中学悠久的办学历史积淀了深厚的文化底蕴，孕育了满园的芬芳桃李，培养了数以千计的科学家、政治家、外交家、文学家、艺术家。"感动中国的十大人物"之一、"世界杂交水稻之父"袁隆平院士，中国返回式卫星总设计师林华宝院士就是从博学中学走出的国际高端人才。

"博学文化"是学校文化建设的灵魂所在。

在中华优秀传统文化体系中，儒家文化是内核，千百年来为后人所崇仰，甚而成为中国知识群体的人格追求。"博学"一词，便出自儒家文化的两部经典著作：《论语·子张》（"博学而笃志，切问而近思"）、《礼记·中庸》（"博学之，审问之，慎思之，明辨之，笃行之"）。

"博学"乃为学之第一阶段，为学首先要广泛猎取，培养广泛的兴趣。

"博"意味着博大和宽容。唯有博大和宽容，才能兼容并包，使师生具有世界的眼光和开放的胸襟，真正做到"海纳百川，有容乃大"，进而实现"泛爱众，而亲仁"。"博"不仅要求师生知识广博，同时也要求学有专长，即所谓"术业有专攻"。"博"要求师生敢为人先，勇于创新，善于借物乘势，敢争高下，敢比输赢。

"学"，既是过程，也是要求。有学方有成。要敏捷于学，钻研于学，懂得协作互动于学。学以立德、学以增智、学以成才。永不满足，永不厌学，终身学习。

"博学"作为中华经典要义之一，首先强调的是对中华优秀文化的传承及对中华传统精神的恪守。学校不仅要以国际视野教书育人，更要以延续优秀民族的文化血脉、承传优秀民族的传统精神为己任，培养建设祖国的优秀人才。

办学理念：开放创新　个性发展

办学理念，是学校办学的根本指导思想和观念。

"开放创新，个性发展"的办学理念从"博学文化"主题中脱胎而出，是学校文化建设的核心价值观所在。它既指导了学校办学的方向，又昭示了学校未来发展的高度。

"开放"既秉承了学校现代视野和国际视野的办学传统，同时又贯彻了《国家中长期教育改革和发展规划纲要（2010~2020年）》的最新精神。武汉四中从办校伊始至今，一直沿着"现代的、国际的"先进教育路径在办学。在历史长河的积淀中，武汉四中既传承了汉文化传统的精华，又践行了世界的先进教育理念。"开放"不仅体现在进一步确立全球意识和开放意识，牢牢抓住"人才培养"这一核心和"教育资源共享"这一关键，建立全方位、宽领域、多层次的国内、国际交流与合作格局，形成"课堂内外互补、校际之间交流、学校与家长互动、学校与国内国际名校合作办学"的开放办学新格局，还体现在进一步推进民主和谐发展上。学校不仅重视教师专业素质与教学水平的提高,还强调学生要注重生活体验与社会实践。

"创新"是学校与时俱进、持续发展的原动力。武汉四中百余年的发展历史和辉煌成就,就是几代人不懈努力、不断创新的结果。学校在教育管理上不断改进教育教学评价机制,更新优秀教师、优秀学生的标准;创新课程设置与教育方法,开拓第二课堂,发展第三课堂;优化教育环境,努力全面呈现厚重的人文历史和未来愿景。武汉四中的教育在不断创新、不断完善中得到新发展,适应了社会发展的需求。学校作为培养人、塑造人的地方,只有让师生在扎扎实实学习的基础上,不断培养他们的创新能力以及"敢为人先"的个性,使他们做到"见人之所未见,思人之所未思,行人之所未行",对一些疑难问题敢于提出自己独到的见解,不盲从所谓的权威,敢于跳出固有的思维模式,才能更好地提升他们的个人素质,进而推动整个学校教育的不断进步与发展。正如歌德所说:"不断变革创新,就会充满青春活力。"喜看今日武汉四中,处处是创新之地,天天是创新之日,人人是创新之人。

"个性发展"倡导的是尊重差异,尊重个性选择,优化个性培养,提升个性品质,力推师生与学校的个性特质共同成长,从而使师生全面发展。武汉四中既注重尖子生的培养,又注重临界生的辅导;既注重高水平运动员的选拔,又注重学生群体体育活动的开展;既关爱每一位学生的身心健康,又关爱每一位教师的身心健康。学校注重提供社团、实践、研究、交流、学术辩论等各种平台,努力促使师生开发潜能,张扬个性，彰显学校教育特色。在未来的进程中，品牌特色、品牌成果、品牌教师、品牌学生将是学校着力打造的个性里程碑。

武汉四中"开放创新，个性发展"的办学理念，也体现了邓小平同志"教育要面向现代化，面向世界，面向未来"的教育思想。它的深刻内涵纵纳古今，横比欧美，体现了新的历史时期教育发展的战略方向。

办学宗旨：和谐育人 因材施教

办学宗旨，是学校教育实施的依据和准则。

"和谐育人，因材施教"的办学宗旨是践行"开放创新，个性发展"办学理念的体现，是学校教育、教学、科研必须恪守的主旋律。

"和谐育人"，是现代视野下学校教育观念的体现。"和为贵，谐为美。"和谐，从现代教育事业的核心价值取向出发，强调着眼未来，注重发展，向所有人提供优质教育，在良好的办学环境中用爱心营造育人的和谐氛围。"我们在一起，共建和谐校园"：上下相悦，阳光沟通，共谋发展；师生相悦，教学相长，兰蕙齐芳；人境相悦，人文关怀，温馨常在。和谐，是一种教育理想，也是一种教育智慧。武汉四中的教育工作者在自己的三尺讲台上以和谐的智慧践行着和谐的博学文化。成才先成人，育人德为先。武汉四中通过营造积极健康的育人环境、开展灵活多样的德育形式、举办丰富多彩的文体活动，使师生得到全面发展，均衡发展，个性发展。人文与规范并存，和谐与发展共进，学校形成了心齐、气顺、风正、人和的良好氛围。

"因材施教",是现代视野下学校教育行为的呈现,代表了先进教育观。它继承了中华民族几千年教育发展的优良传统,实事求是,承认差异,尊重差异,包容差异,协调差异,帮助不同层次的学生最大限度地释放潜能,让每一位学生都能自由地拥有理想的发展未来。"因材施教",语出宋代程颐对《论语·为政》的解读,程颐认为:"子游能养而或失于敬,子夏能直义而或少温润之色,各因其材之高下与其所失而告之,故不同也。"孔子对子夏和子游两位学生所咨询的同一个问题,即什么是孝,回答是不一样的,那是因为两位学生各有所长,各有所短。子游能够奉养长辈,但是缺乏对长辈的足够礼敬;子夏能够在生活细节上注意赡养父母,但是忽略了面对父母的脸色表情。在学校教育中,不同学生的认知水平、学习能力以及自身素质所呈现的实际情况是极其复杂的。武汉四中的教育则是根据每位学生的特点进行有针对性的教学,发挥学生的长处,弥补学生的不足,激发学生学习的兴趣,树立学生学习的信心,从而促进学生全面发展。

办学思路:多元发展 广学致用

办学思路,是落实办学宗旨的路径、方法。

"多元发展"强调的是办学环境、办学方式、学校管理等的多元化发展。它要求全体师生不断自我突破,不断实现办学绩效的新突破。办学的多样化,即创造一个有不同文化背景的学生共同生活的生存环境,扩大学生交往的对象和范围,促进学生间的国际交流,开阔学生视野,提高学生对多元文化的适应能力,使他们成为未来既有中国传统文化,又有世界眼光和生存能力的国际化人才。学校在为学生创造多元文化交流平台的同时，也给自己提出了开拓多元化服务功能的新要求。110多年来，武汉四中在多元融合办学、实现跨越发展方面积累了许多可贵的实践经验，同时，又在新形势下进行了一些新的探索，创建了一种"多元参与、综合评价"的教改新模式。

"广学致用"强调的是博学广闻，学以致用。它要求学生博闻广识、博采众长，重视实践与创新，努力提高自身素质。

"广学"，指广泛地学习。求慧莫过于广学。高中教育是基础教育的关键学段，其定位是为学生打好升入大学接受专业教育的基础。"广学"即广泛地涉猎，广泛地见闻，即"学富五车"之谓也。中国知识界众多名人传奇，其基点就是"广学"。率先提出"博学精神"的袁隆平先生，就是一个出类拔萃的广学致用人才。他理科成绩优异，英语水平超强。踢足球、打排球、游泳、拉小提琴、下象棋等都是他的爱好。袁老说："人的脑细胞是用不尽的，人到老年，更应用脑，可预防老年痴呆症。尤其是学外语，可以有效地延缓衰老。"世人称赞他有非凡的好奇心、强大的学习能力、高度的责任感。可以说，袁隆平的传奇成就所展示给世人的，就是博学精神。

"致用"即知行合一，付诸实用。语出《易经》："备物致用，立成器以为天下利，莫大乎圣人。"教育学生学习的目的，"全在于运用"。学生要坚持理论联系实际，坚持不断更新学习方式，坚持把学习成果转化为指导生活与成长的智慧，坚持养德。行是知之始，知是行之成。武汉四中始终坚持

"知行合一"的教育实践。

"多元发展，广学致用"，是武汉四中一个多世纪以来成功办学的光荣传统。今后，还会由一代又一代的武汉四中人薪火相传，至臻致远。

办学目标：实现三级目标

办学目标，是学校办学期望达到的境界或标准，具有凝聚人心、激励奋进的巨大功能。

武汉四中办学目标：在理念先进、环境幽美、设施现代、管理科学、队伍优秀、质量优异、特色鲜明的基础上，逐步实现三级奋斗目标：一级目标，创建武汉博学文化特色学校；二级目标，创建湖北博学文化示范学校；三级目标，创建全国博学文化品牌学校。

博学文化在博学110多年的办学历程中精彩纷呈，在政治、经济、科教等领域亦有较大的影响，更由于袁隆平、林华宝、孙必干、陈长贵、刘少斌等校友的声誉而垂范天下，为越来越多的人所知晓。如何将"博学"这一110多年的教育品牌打造成现代教育的标杆，打造成先进基础教育的精品？首要明确的是办学目标，办学目标具有强有力的引领和动力功能。三个级别的目标强调的是博学文化育人化人的先进性与品牌效应。

博学文化作为中国基础教育的精粹，有教育内涵，有教育实体，有教育辉煌。一级目标旨在让博学文化在武汉教育领域重新倚峰亮剑，发扬光大；二级目标旨在让博学文化形成教育品牌，在湖北省基础教育领域产生影响力；三级目标立足全国，走向世界。武汉四中立志要通过几代人的努力，力争让博学文化真正走向全国，走向世界，使武汉四中成为全国叫响、世界知名的学校。

校训：勤朴博学

校训，是学校规定的对师生有指导意义的训词，是学校精神和文化内涵的凝聚。

与"博学"校名、"博学"文化一起诞生的百年校训，浓缩了110多年来几代博学人的道德传统与学养共识。一直以来，它对历届师生的劝勉训诫作用是影响深远的。

"勤"为"常"，为"恒"，为"毅"，不言苦，不言厌，乐教乐学。"业精于勤，荒于嬉"，一生之计在于勤。功不没志者，天道酬勤。成功往往垂青于勤者。勤与"奋"结合，乘长风破万浪；勤与"苦"结合，咬定青山不放松；勤与"劳"结合，俯首甘为孺子牛；勤与"俭"结合，成以勤俭而得之。恒心搭起通天路，毅力推开智慧门。民生在勤，勤则不匮。

"朴"为"实"，为"廉"，为"静"，为"谦"，不狂妄，不浮躁，不计名利得失。故老子曰："化而欲作，吾将镇之以无名之朴。"老子在《道德经》中不止一次地提到"朴"字。"抱朴含真"便出自他的大作。抱，保也；朴，朴素；真，纯真、自然也。人应保持朴素、纯真的自然天性，不要因沾染虚伪、狡诈而玷污、损伤人的天性。踏踏实实做事、本本分分做人，这是武汉四中自第一任校长杨格非创校之始，一直延续至今的光荣传统。字，一笔一画地写；题，一道步骤一道步骤地做；实验，一个环节一个环节地演示；路，一步一个脚印地走。人要堂堂正正，尽力而为，问心无愧。

"博"为"广",为"多",为"争",不坐井底,不短视,不抛弃、不放弃。开卷则有益,全面而详尽地广纳自然与人文;广开言路,多方面听取意见建议,协作式研讨。博,是结果,也是过程。《说文解字》:"博,大通也。""博",是学成的最高境界,亦是做人的最高境界。一个人只有胸怀博大,眼界高远,才会争分夺秒,脚踏实地,取信于人,取信于学。

"学"为"敏",为"钻",为"成",不迟钝,不肤浅,不独学。学,是过程,是变化与成长,是在一定的情境即社会文化背景下,借助他人的帮助,即通过人际间的协作活动,而实现知识获取的过程。谚云:"勤是无价之宝,学是明月神珠。"学然后知不足。学,所表现的,不只是过程,更重要的是变化与成长。"学"有"知识"和"效法"两层基本的意思,简而言之,就是通过效法而得到知识,并形成能力、本事等。一个人也好,一个团队也好,还是一个国家和民族也好,要有立足之处,就要为立身处世而学。

"君子博学而日参省乎己,则知明而行无过矣。"博学,是中国传统文化中君子人格的第一标准。武汉四中创校肇始,以此为校名;四中百年之中,以此为校训内核,且奉行为学校主题文化,并以其殷切寄望于师生!

校风:博爱笃学 励志力行

校风,是全体师生共同呈现的风气和精神面貌。

学校师生厉行校训,耳濡目染,身体力行,久而久之,便形成了学校的校风。

"博爱",是表现最先进文明观念的自然之爱、人群之爱、世界之爱。唐代韩愈《原道》中就有"博爱之谓仁"的解释。博爱，首先是平等、无私、光大之爱。无论是怎样资质的教师，无论是怎样起点的学生，教师与学生都要以理智公正的博大胸襟去尊重，去包容。博爱不仅仅是观念，更是眼神、表情、语言、语调、动作的综合外显。课上课下，校内校外，始终如一。陶行知先生认为，没有爱就没有教育。高尔基说："只有爱孩子的人，才能教育孩子。"武汉四中博爱的校风，是学校教育成熟的表现。博爱是学校教育智慧的结晶，是学校教育可持续发展的基石。博爱，尤其在集体面对危难、面对未来的时候，具有深刻的人文内涵和无穷的道德力量。

"笃学"，是优秀的学习品质，专心致志，好学乐学，以学为至善。宋代苏东坡在评价友人时，写道："其为人笃学强记，恭俭孝友"。笃学，专心于学，惜分夺秒，学为己任，力学不辍。学生只有感受到了教师的博爱与博仁，才能"亲其师，信其道"，进而"乐其道"。"笃"有忠贞不渝、踏踏实实、一心一意、坚持不懈之意。"笃学"强调学习的过程和学习的态度，旨在倡导"学而不厌"、终身学习的风气。师生在学习过程中必然会产生各种不同的疑点或难点，因此，师生在学习过程中要养成勤于思考、不懂就问的良好习惯。"笃学"有助于调动他们质疑问难的积极性，激发他们解决问题的创造性，培养他们勤思好问、主动探究的学习精神，这也是培养师生严谨求学态度的良好开端。

"励志"，是高中学生成长的理性表达。为中华崛起读书，为救国报国读书。自创校以来，在近现代的各种风云动荡中，武汉四中学生高举"博学"大旗,报效民族,报效国家,涌现出一代又一代风云精英,有"首义铁血第一旗"李赐生、"世界杂交水稻之父"袁隆平等。在以往的岁月中,武汉四中的校友们为国家、为家乡做出了伟大贡献。教育学生勿忘国耻,为民族复兴大业读书,是武汉四中一以贯之的教育内容。

"力行",是强调亲身实践,知行合一,主动体验,互相研讨,学有用的知识,做有用之人。《礼记·中庸》云:"力行近乎仁。"杨雄《法言·修身》曰:"君子强学而力行。""力行"就是按照自己确定的目标努力去做,与校训相呼应,强调师生要注重实践。陶行知先生说过,"中国教育之通病是教用脑的人不用手,不教用手的人用脑",这句话道出了我国教育长期以来忽视实践体验的弊端。读书是学习,实践是更重要的学习,学以致用永远是教育的直接目的。在学校学到的东西只有与丰富的社会实践相结合,学习才能变得鲜活起来;只有经过自己的亲身体验,知识才能变得丰满而深刻。尊重学生自己的体验,让他们走进自己的生活世界,体验生活、体验社会,即便失败,也会成为学生终身受益的财富。

教风:博文约礼　格致求实

拥有一支优秀的教师队伍,是博学一直以来最大的资本。武汉四中教师的教风,是教师以身垂范校训的具体体现。中华是礼仪之邦,人人文明有礼,个个尊享礼遇。武汉四中是礼仪大校,首先表现在教师身上,教师们谦谦博雅,彬彬美仪。

"博文约礼",简单的解释便是:广求学问,恪守礼法。出自《论语·雍也》:"君子博学于文,约之以礼,亦可以弗畔矣夫。"《论语·子罕》中颜子赞叹孔子："夫子循循然善诱人，博我以文，约我以礼。"《白虎通·礼乐》说："礼之为言履也，可履践而行。"礼，亲身体验，躬行实践，凡修身、齐家、从政、求学一切实务皆如是。博学之，当约束礼仪使归己，归于实践。换言之，"博文约礼"就是，只要广泛学习包括典章礼法在内的人文知识，并能身体力行，落实到自己当前的实践中，就可以不背离社会道义了。其总原则是教人学做君子，学做经世致用之学问。如果说"文"讲究的是洞明学问，那么"礼"要求的则是人情练达。礼，实为做人做事的规矩。这规矩非随意制定，而是圣人取法于自然的秩序。《礼记·乐记》说："礼者，天地之序也。"周代以礼乐治天下，"周礼"的建设与发展前后800余年。早于孔子百余年的齐国管仲，提出"四维"，即"礼、义、廉、耻"，以"礼"为首。孔子一生崇礼，他认为"不学礼，无以立"。"博文约礼"既是对武汉四中教师的基本要求，也是武汉四中教师经常使用的教育方法。只有掌握了教育规律，了解教育成功的方法和失败的原因，方可成为合格的老师。"博文约礼"说的就是达致教育成功的途径和方法。也正是这个意义，香港中文大学把这四个字作为校训，讲求智育与德育并重。"国尚礼则国昌，家尚礼则家大，身尚礼则身修，心尚礼则心泰。"作为武汉四中教师的教风，"博文约礼"是教师职业修养、学识、仪表、礼仪的综合体现，是教师的人格魅力所在。文为世则，行为世范，正己正人。

"格致求实"，是教师职业精神的体现。教师在教育、教学、科研实践中,尊重客观规律,穷究教育原理,理论与实践相结合,知行合一,在实践中不断获取知识、运用知识、丰富知识、发展知识,以实践为检验的标准,求实、求是、求新,与时俱进,不断提高自身综合素质。格致,最早见于先秦经典《礼记·大学》,源于成语"格物致知",意为考察事物,获得知识。格致,乃求学八阶段之初始两阶段:"古之欲明明德于天下者,先治其国;欲治其国者,先齐其家;欲齐其家者,先修其身;欲修其身者,先正其心;欲正其心者,先诚其意;欲诚其意者,先致其知。致知在格物。格物而后知至,知至而后意诚,意诚而后心正,心正而后身修,身修而后家齐,家齐而后国治,国治而后天下平。"它是一种学术思想,蕴含民族精神的精粹,从形成之时起,就在不断完善和丰富。在武汉四中,格致是现代格致,是一代一代武汉四中教师艰苦奋斗出来的格致,是武汉四中教师在办学历程中自觉形成的规范,是科学发展观在武汉四中教师队伍建设中的体现。求实,讲求实事求是,老实做人,诚实说话,踏实做事,真实出成果。教师尊重教育规律,尊重学生身心发展实际,尊重课堂教学的客观性。武汉四中教师与人为善,待人真诚,用朴实的性格亲近学生与家长,亲待同事,用诚实的话语启迪人,用踏实的作风感染人。求是,就是准确定位,科学决策,认认真真搞工作,踏踏实实做学问。任何工作都从学校的实际情况出发,实事求是;任何措施必须从各自工作内容和工作对象的实际情况出发,实事求是;各种有益的工作思想和工作方法必须落在实处,不说空话,不流于形式,实事求是。教师读书治学要老老实实，兢兢业业，日日学，月月学，年年学，循序渐进，锲而不舍，积细土成群山，聚小流成大海，在日积月累中不断丰富自己的学识和才干；着眼长远，不急躁冒进，不盲目攀比，不贪大求洋。

学风：乐学善思　知行合一

拥有一批展示博学校风的学生，是博学一直以来的最大骄傲。"乐学善思，知行合一"的学风，是学生用心践行校训的可贵成果。

"乐学"，"知之者不如好之者，好之者不如乐之者"。"乐"是"学"的最高境界，是"学而优"的有效捷径。在学习的过程中，享受学习的乐趣，品尝成功的喜悦。享受教育，享受学习，是做一个好学生的基本前提。

"善思"，"学而不思则罔，思而不学则殆"。善于质疑，善于思索，善于提出问题、研究问题、解决问题，进行合作探究创新，从而超越自己，超越当下，在一个个小成功中提升自己。养成良好的思考习惯，是作为一个好学生的基本标准。

"乐学善思"是学习品质的最好体现，也是人生发展之必需。新课程标准提出：只有从兴趣出发，让乐趣充溢学习之中，才能真正激发学生的学习热情，让学生爱上学习，善于思考，乐于求知，学生才可拥有创新思维和鲜活的创造力。"业不止，学无涯。"只有形成"乐学善思"的良好习惯，学生才能求实奋进，才能拼搏进取。

"知行合一"，强调学以致用，强调课堂知识与实验、实践相结合，鼓励体验式学习，重视校内学习与校外学习相结合，动脑与动手相结合。

著名哲学家、教育家王守仁在贵阳阳明书院讲学时，首次提出"知行合一"观点："知之真切笃实处，即是行；行之明觉精察处，即是知。"通俗地说，"知行合一"就是理论（知）和实践（行）要合而为一，不可偏重一边，不可断为两截，这与武汉四中校风"博爱笃学，励志力行"是十分吻合的。从更深、更广的层面上解读，"知"主要指人的道德意识和思想理念，"行"主要指人的道德践履和实际行动。因此，知行关系，也就是指道德意识和道德践履的关系，也包括思想理念和实际行动的关系，正所谓"知中有行，行中有知"，"以知为行，知决定行"。当代著名教育家陶行知先生的"行知教育"强调"从做中学"，做是学的起点，"行是知之始"。在重视知行合一、实践行知教育方面，武汉四中流传着诸多佳话。武汉四中众多知名校友正是在这样的学风熏陶下成长起来的，他们是知行合一学风的最大受益者。

附：

武汉四中校歌：博学之歌（词）

（一）

汉水之滨，百年钟楼，博学书院，悠悠我心。

勤朴博学，行化雨春风，杏坛育天琛。

（二）

长江之津，千载黄鹤，博学中学，孜孜我心。

个性发展，健自强远志，桃李吐芳芬。

(三)

华夏之壤,万代薪火,武汉四中,拳拳我心。

与时俱进,尚科学人文,学子成栋桢。

四中,博学,博学,四中。

武汉四中校徽

武汉四中校徽取意于学校标志性建筑——钟楼。钟楼代表西方文明即现代文明。此设计寓意武汉四中的学校发展史,学校在成长过程中立足东方文明,汲取西方文明之精华,中西结合,兼容并蓄。校徽整体设计以钟为主体,钟代表时间,古代有晨钟暮鼓之说。时间寓意理性,钟的下方是传统校训"勤朴博学"4个字,是学校严谨治学的象征。钟楼的钟表指向早晨八点多,象征武汉四中·博学中学莘莘学子如早上八九点钟的太阳,充满了生机和活力。

武汉四中校旗

武汉四中校旗的主题图案是以"4"为元素,经过抽象变形后,似一片树叶,寓意武汉四中教师为人师表、甘当绿叶的奉献精神;又似一只小鸟,寓意武汉四中莘莘学子的蓬勃与活力,小鸟的眼睛寓意个性发展。颜色采用

校徽

学校标志性色彩——红色，字体采用毛笔书法体，具有浓郁的人文气息。校旗整体造型创意独特、明朗简洁、美观醒目、舒展大方，易于识别校名，且能够反映时代精神和武汉四中·博学中学深厚的文化底蕴，具有较强的形式美感和视觉传播感召力。

校旗

2 特色鲜明的育人文化

"继承理科特色，发扬英语优势，保持体育传统，创建全国名校"，是著名老校友袁隆平院士给母校的题词，题词精辟地概括了武汉四中·博学中学的办学特色和发展方向。

理科特色 1899年博学书院创办之时，很多人仍然在潜

> 继承理科特色
> 发扬英语优势
> 保持体育传统
> 创建全国名校
>
> 校友 袁隆平
> 二〇〇九．7．廿二．

心攻读四书五经等儒家经典，以考取功名为目标。然而，博学书院的课程设置已与西方接轨，开设诸如理化生之类的新式学科课程。在博学书院开设的10年时间里，设有普通科和正科两个学段。普通科的课程有圣经、英语、数学、理科、地理、国语（中文）、图画、唱歌、体操等；与普通科相比，正科各科教学程度要深化一些。另外，增设第二外国语及生理学、经济学、机械学、地质学等课程。在清政府不太重视西方科学的情况下，这些学科课程的设置对落后的中国来说具有重大的科学启蒙作用。

我国著名的农学家、原农业部副部长杨显东曾在汉口博学书院读中学，1923年毕业，以优异的成绩考入南京金陵大学农科，主攻棉花和蚕桑专业。他在我国农业科学技术事业的组织领导、建立新的农业科教体制、发展粮棉生产、控制蝗虫危害等工作中发挥了关键作用；对我国农业学术团体的组织建设及开展国内外学术交流活动，推进我国东北、西北、黄淮海地区和上海经济区农业现代化建设，做出了重大贡献。

1928年，中华民国政府收回博学书院的教育主权后，校名改为"私立汉口博学初级中学"（简称博学中学）。第一任华人校长是胡儒珍先生。他出任博学中学的校长后，曾一度取消了宗教活动，设立英文、国文、数学、自然、中国历史、中国地理、音乐、图画、体育等课程。这些课程的设置使很多学生的性格更加沉稳，促进了他们德、智、体的全面发展，尤其是培养了他们热爱科学的兴趣，对他们日后的成长产生了重要影响。据初步统计，仅北京大学、清华大学、武汉大学、华中科技大学从事理工科研究的知名教授中，武汉四中的校友就达百位。而闻名全国的知名科技专家更有"世界杂交水稻之父"袁隆平，中国返回式卫星总设计师林华宝，农业科学家、原农业部副部长杨显东和原农业部农业司司长张世贤，原国家审计局副局长曾昭运，神州1~6号飞船测控总指挥陈长贵，全国著名外科专家陈实等。正是在理科特色的熏陶下，武汉四中名流辈出，群星璀璨！

据不完全统计，同济医科大学及其附属医院的正教授中，有12位是武汉四中的毕业生。如陈实、刘文励、胡国栋、周四维、罗怀灿等都是知名的专家。武汉市第一医院管竞环教授，是国家肾病中心主任。武汉市第二医院院长曹运德教授、湖北医科大学口腔医学院颌面主任医师钟林教授、湖北医科大学附属第二医院主任医师黄文增教授等，在医学界均享有盛誉。华中科技大学有10多位有名的教授是武汉四中的校友。如副校级干部韩洪双教授、激光技术国家重点实验室副主任徐启阳教授、数学系周笠教授、数控系黄一夫教授、动力学院韩守木教授等。1955届校友阮任平，是交通部水运科学研究院研究员。与其同年高中毕业的胡方兴校友，生前任哈尔滨工业大学教授、博士生导师，在计算机技术及教育传播与技术方面造诣颇深。西北大学现代物理所文振翼教授，系博士生导师，他曾在丹麦哥本哈根大学、奥斯特学院物理化学系做访问学者；在美国印第安纳大学化学系做高级访问学者；在意大利国际理论物理中心做访问学者。他的科研成果及专著，曾获陕西省政府科技进步一等奖两次、陕西省科协优秀论文一等奖两次。1953～1956年在武汉四中就读的龚乃祥校友，曾任中国民航飞行学院飞行大队政委、团政委、学院工会主席等职；后任中国民航湖南省管理局党委书记、中国民航海南省管理局局长、海口美兰机场有限责任公司总经理。1956届高中毕业生谢世忠校友，现任武汉交通科技大学副校长、教授，是水运工程高等教育研究的学科带头人。1957届高中毕业生李裕伟校友，曾任中华人民共和国国土资源部国际合作司司长。1960届高中毕业生曾昭运校友，曾任国家审计署驻国家计委审计局局长。1963届高中毕业生葛建华校友，先后在石油部抚顺技术研究所、中石化洛阳设计设备研究所、美国杜尔（化工）有限公司工作，曾获中国石化总公司"先进个人"称号及科技进步奖等。1966届高中毕业生汪明校友，先后在美国密西西比州立大学物理系及美国密歇根州大溪城学院任教，1997年9月获终身教授，系美国光学学会会员。1967届高中毕业生陈长贵校友，少将，现任西安卫星测控中心软件室主任、神舟飞船测控总指挥，享受国务院政府特殊津贴。

英语特色

重视英语教学是教会学校的特点之一。博学书院从创办时起就设置了英语课程，而且规定学生必须选修第二外国语，还规定其他课程不及格可以补考，但英语不及格就得留级。因此，博学书院的英语学习氛围浓厚。1928年，学校开设的课程按照中华民国教育部颁布的标准实施，唯有英文一科，学校要求标准较高，学生升学后英文水平达到听、说、阅读熟练，能直接用英语与洋教师对话。在这种高标准、严要求下，武汉四中培养了一大批拥有英语特长的杰出人才。原外交部常务副部长浦寿昌、驻欧共体大使浦山、中国中东问题特使孙必干等著名外交官都是武汉四中的杰出校友。在1938~1946年的流亡生涯中，博学中学的英语学习氛围依然浓厚。在此期间就读于博学中学的袁隆平院士在关于母校的回忆录中写道："我现在之所以能在频繁的各种国际活动中运用英语进行交流，主要是母校给我打下了良好的基础。"

为了弘扬英语特色，学校通过"引进来""走出去"等方式造就了一支过硬的英语教师队伍。仅2008~2009年，武汉四中英语教师就在《华中师范大学学报》《中学生英语》等报纸杂志上发表各类文章20多篇。学校还选派年轻英语教师赴

孙必干大使及夫人与小校友

新西兰学习培训、举办英语专家讲坛、鼓励英语教师参加学科竞赛,为英语学科的可持续发展提供了坚实的人才基础。在多年探索的基础上,学校常年开设英语实验班,学校的英语教学形成了"主题—活动—记忆"的学习模式,有效地提高了学生的英语学习水平。为进一步营造英语学习的氛围,自2003年起,学校聘请外籍人员任英语课教师,并由他们组织口语培训活动,效果良好。学校还播放全英语广播,定期组织大型英语活动,派遣学生赴欧美等地游学。在这种良好氛围的熏陶下,学生学习英语的热情得到激发,水平得到很大提升。在近年的英语竞赛中,武汉四中学生共获得22项国家级奖励,56项省级奖励,处于全市领先水平。为提升学校的英语办学水平,学校加强与国内名校的交流,尝试与国外名校联合办学。

现在，学校与美国 FLS 国际教育基金会和美国利伯缇大学合作创办了博学中学国际部，为推进武汉教育走向国际化，为武汉四中英语特色的创新开辟了一条新路。

自 1899 年至今，武汉四中有 110 多年的英语教学历史，其中全英语教学的历史近 60 年。在这 110 多年的发展中，学校英语教学的高标准为学生的成长和成才奠定了良好的基础。袁隆平院士能在频繁的各种国际活动中用英语进行交流，浦寿昌能担任外交部常务副部长，孙必干能顺利地考入北京外国语学院并成为我国驻外大使，高云（现就读于美国哈佛大学）、魏凤荣（毕业于美国加州大学）、叶骏等同学能顺利到海外求学等，这些都与武汉四中的英语优势密不可分。

体育特色

体育是武汉四中的又一特色，特别是足球和田径闻名全国。刚创办时，博学书院的校园面积很大，运动场很多，有容纳数百人的体育室、游艺室，还有篮球场、网球场、田径场、乒乓球室。当时，学生体育组织齐全，如足球队、篮球队、网球队等，学生可根据自身体质、爱好自由组合参加某个体育组织。其运动成绩在全国名列前茅。这种氛围造就了不少体育人才，尤其是足球人才。1921 年前后，湖北省的足球队驰名全国，而代表省队出征全国的足球健儿中，2/3 的球员是来自博学书院的学子。当时国民政府官员吴国桢、刘文岛、何应钦等曾来博学中学观摩足球比赛。1934 年，张学良将军偕夫人于凤至亲自组织东北大学学生足球队来武汉与博学中学足球队比赛。场面热闹非凡，影响很大。

抗战期间，博学中学搬迁到重庆市郊南岸背风铺，办学条件十分艰苦。尽管如此，学校因陋就简经常开展文体活动，促进学生德、智、体等方面的全面发展。

1947年6月，湖北省举行全省运动会。博学中学挑选了十几名体格魁梧的同学参加汉口市的游泳选拔比赛。当时在博学中学就读的袁隆平非常喜爱游泳，便向体育老师周庆宣报名，要求参加预选。周老师向袁隆平打量了一番后，摇头说："你个子太小，没体力，不行！"第二天早晨，周老师及运动员每人骑一辆自行车前往市内某体育馆。为了满足好奇心，袁隆平偷偷地跳上队伍最后一名同学的车后座。等他们到达预赛场地时，周老师发现了袁隆平，便笑着说："你既然来了，就试试看吧！"结果，出乎大家的意料，袁隆平竟在汉口市的预选赛中获100米和400米自由式两个第一名。不久，在湖北省运动会上，袁隆平取得了两块游泳银牌，为母校增添了光彩。

新中国成立后至改革开放前，中国政治运动不断，学校正常的学习和生活受到了很大影响。虽然如此，武汉四中的体育成绩还是有很多亮点。1965年，武汉四中足球队获全国青少年足球赛第七名，后获武汉市少年足球锦标赛冠军。

改革开放后，武汉四中的体育活动在原有的基础上又有很大发展。如学校的高中和初中足球队参加武汉市的各种足球比赛，共夺得34个冠军和8个亚军；足球队还多次代表武汉市参加全国比赛，曾取得全国中学生足球"幼苗杯"第二名的好成绩。武汉四中足球教练周允亮被国家体委评为全国"福来奖"优秀体育教师。2009年3月，武汉四中男子足球队代表武汉市出征湖北省第十一届中学生运动会，夺得湖北省高中男子足球比赛的冠军。

武汉四中的田径运动水平在全国学校中也处于领先地位。李必华校友在1959年首届全运会上获百米短跑全国冠军。"文革"中毕业的刘卫平校友，在1981年和1982年世界大学生赛艇锦标赛上获两枚金牌，在1982年第九届亚运会上获一枚金牌。1987年以后，武汉四中田径比赛成绩更为卓著。1987~2004年，学校田径队已取得省市田径比赛团体总分的大满贯，2005年以来，武汉四中田径队实现了全市、全省、全国乃至世界中学生田径比赛大满贯，达一级运动员及以上标准的队员有100多人。2005年7月，时任书记高建国率领校女队代表中国在葡萄牙参加世界中学生田径锦标赛，夺得基层组团体冠军。2007年，中国中学生田径协会副主席武万忠校长作为国家队领队和武汉四中领队，率领男队赴法国参加世界中学生田径锦标赛，夺得基层组金牌总数第三名。现在学校有田径队员117人，其中达国家一级运动员标准的有7人，接近运动健将水平的有2人。仅2007年学校就有11人获省级以上田径比赛冠军。跳高运动员刘丽娜被保送到武汉大学，跨栏冠军董文崇被保送到中南财经政法大学。近年来，武汉四中每年向各级各类大专院校输出高水平运动员20多人。

多年来，学校坚持每天开展"阳光体育"一小时的群体活动。此外，学校还建立了完整的班级、年级、校级三级梯队，开展班级足球赛和年级篮球赛。比赛吸引了可口可乐、阿迪达斯等公司的全程赞助。学校每年的春季达标运动会、秋季田径运动会以及冬季趣味运动会已形成制度。学校坚持上好"两操一课",坚持开设体育选修课,让更多的学生受益。近几年,多位老师荣获武汉市体育优质课比赛一等奖。周允亮老师被评为全国优秀体育教师,高文桥老师被评为湖北省特级体育教师及省市名师。

学校还坚持体育场馆对外开放的政策,每年接待10余万市民到校园锻炼,每年承接各级各类比赛30多场,真正营造出了"与体育同在、与体育同行、与体育同生长"的校园体育氛围。

学校曾于1993、1995年被评为全国先进体育试点校,于1999年被教育部、国家体育总局评为全国"体育卫生先进学校",2005年被评为全国田径协会"先进会员学校",2009年被国家体育总局授予"国家青少年体育俱乐部"称号。2012年11月,学校成功取得2015年第22届世界中学生田径运动会承办权。这是该赛事首次走出欧洲,走进亚洲,首次在一所中学举行。同月,国家教育部授予武汉四中"中国中学生田径训练基地",为全国唯一。

3 独具魅力的校友文化

武汉四中的校友文化源远流长,其内涵与意蕴,可从第24任校长武万忠的《博学赋》中深刻理解与领会。

博学赋

满清末造,西学东渐,博学以始创。汉水泱泱,扼九省之通衢；钟声悠悠，传万代之薪火。群贤毕集，才俊如云。拷地问天，乃隆平华宝长贵之属；纵横捭阖，为寿昌显东必干之伦；竞领风骚，有百业巨擘者流。壮哉斯园，倚之者何？勤朴与博学。乾乾如是，大美之出，夫奚疑哉！

银杏掩映，博学文化而底蕴酷熟；丹桂沁香，特色立校而桃李盈枝。一百一十岁月，经风雨沧桑；六万六千师生，尚科学人文。望苍穹而遐思，驾长风以破浪；宏业再造，执牛耳者谁？个性发展，杏坛育天琛，舍四中其何属！

武汉四中·博学中学校友文化已形成一种特殊的氛围，弥漫在校园，每一位校友受这种氛围的熏陶，习其要义，烙印在记忆，潜懿在言行，最终落脚在传承精神上。校友文化增强了校友的归属感、荣誉感和文化认同感，使博学文化拥有鲜活的生命力。

清光绪三十三年（1907），与杨格非牧师同时到汉口创立基督教伦敦会的魏廉森牧师两年后因病去世，魏氏遗族捐款在博学书院内建教堂以志纪念。应该说博学校友文化即源于魏氏纪念堂。

1928年，在国民政府收回了汉口、九江等地的英租界后，汉口市政府收回了本地区的教育主权，奉教育部指令，校董事会选出了首任华人校长胡儒珍先生，学校更名为"汉口博学中学"。中英双方对交接和更名工作十分尊重和友好，当时的前任校长英国人马辅仁牧师认为离去只是回国"修老"罢了，同时感叹中国人的勤奋善良和中国同事的学识。

由此可见，博学的校友文化一开始就奠定了包容和多元的基础。同时，情义和感恩也贯穿校友文化始终。

1957届校友李裕伟，长期从事地质研究工作，曾任原地矿部副总工程师、原地矿部国际合作司司长，是联合国自然委员会委员；现为国土资源部咨询研究中心特邀咨询委员。在母校110周年校庆之时，李裕伟校友因公差未能参加庆典而深感歉疚，特意致信母校，并附上准备参加校庆的诗作。

1960届校友杨传荣，大学毕业后，从内蒙古到西安，一直在航空航天部门工作，将自己的一生献给祖国的航天事业。在神舟系列飞船上，留下了他的才智和心血。在得知母校于2009年10月6日举行110周年校庆大典的喜讯后，杨传荣异常激动，撰写回忆母校的文章，选择礼品准备参加校庆，却不幸心脏病猝发，于2009年9月19日去世。其亲属为完成杨传荣校友的遗愿，先后两次来学校表达对母校的感激之情。

胡儒珍先生是博学中学首任华人校长，任职长达25年（1928～1952）。胡儒珍先生获香港大学理学学士学位，后于英国伯明翰舍里欧研究院教育系毕业，曾任湖北省外专代理校长、省立文科大学教务长、上海光华大学教授。作为香港大学的知名校友，该校特派相关人员来武汉四中采集胡儒珍先生的资料。武万忠校长对其进行了接待并介绍了胡儒珍校长的生平事迹。香港大学来校人员参观了校史馆和校园，对武汉四中的人文氛围和自然环境赞叹不已。

知名校友的榜样作用和激励作用，也是武汉四中校友文化独具魅力的一大特色。学校有南北和东西走向的两条路，以曾

校史馆（钟楼）

经是同桌、后来都是院士的袁隆平和林华宝命名，年轻的校友既自豪又羡慕，他们甚至在博客和贴吧留言，"相信，母校有一天会以我的名字命名一条路"。

2012年10月25日，博学书院老校友、辛亥志士李赐生先生的后裔，汉口博学书院创办者之一的李家兴先生的曾孙李喜乐女士，代表在台湾的李志新（李赐生之子）老人参观访问了武汉四中。

李喜乐女士徜徉美丽的校园，心情非常激动，拿着录像机不停地拍摄，并对现场解说进行了录音。李喜乐女士说，在台湾的李志新老人，现年94岁，对博学中学记忆犹新，充满感情，当他看到武汉四中·博学中学网站上的《缅怀博学校友，弘扬辛亥精神》文章后，很是激动，特意嘱托李喜乐女士要向学校带去他的思念之情。

武万忠校长接待了李喜乐女士，并请她转告对李志新老人及其家人的问候和祝福。

2013年10月3日，1962届校友、著名中医专家王光宇老先生回到武汉四中，探望阔别51年的母校。王老在医疗卫生单位工作40余年，孜孜不倦地研究中医脉诊，取得了很大突破，名扬海内外，是武汉四中杰出校友之一。

朱天元校长、梁前龙书记、王伶俐副校长、特级教师王先海老师等代表学校对王老表示热烈欢迎，并在会议室同王老进行了亲切交流。朱校长代表母校向王老赠送了仿制钟楼，王先海老师向王老介绍了学校近年来的发展和成就。王老对母校的关切表示感谢，对母校的发展和成就表示自豪，并将亲笔题名的著作《王光宇精准脉诊带教录》（一、二）等赠送给母校。回忆起在母校度过的3年岁月，王老先生感触良多。母校恩师的谆谆教诲和高尚品德让王老念念不忘，昔日的校园趣事，王老如数家珍。接着王老先生向母校汇报了自己工作中取得的成就和荣誉，拿出精心保存的每一份证书展示给母校。王老语重心长地说，"希望有更多的年轻人投入中医，为祖国的中医研究做出贡献"。

当天下午，王老先生在朱天元、王伶俐、王先海等的陪同下参观了校园。在校史馆里，王老先生高兴地寻找曾经的教室，回忆在武汉四中学习生活的点点滴滴。在记录武汉四中历任教职工照片的展板前，王老仔细寻找曾经老师的身影，在一张数年前拍摄的武汉四中退休教师的合照前，王老戴上老花镜仔细辨认，手指抚摸着照片上的每位教师，热泪盈眶。

临走前，王老先生望着母校生机盎然的桂花园和博学广场感慨万千，"希望母校越来越好，希望还能再回来看看母校"。同时，他也希望"武汉四中的学子们好好努力，为母校争光！"

武汉四中校友文化独具魅力还体现在以人为本，关心关怀离退休教职工的生活，力所能及地提高他们的待遇，解决他们的实际困难等方面。学校每年春节都要对特困退休教职工、重症患者、80岁以上教职工和教职工遗属进行走访慰问；每年重阳节都要组织离退休教职工出游，让他们感受改革开放以来的变化。为了让教职工全身心地投入教育教学工作，在职在岗教职工的各种困难，乃至其亲属的病痛，学校也惦记在心，历任校长常常亲自探望并且自掏腰包关怀教职工。毕业多年的许多老校友的子孙在入学方面有什么困难，学校也竭尽全力帮助解决。老校友们十分感动，他们说："一个'母'字把我们和四中永远联系在一起。"

学校组织110周年校庆活动，目的是弘扬博学精神、凝聚校友力量，共谋四中发展。110周年校庆之时，校友们捐赠了珍藏几十年的物件，如博学时期的领章和校徽、民国年间学校的考试卷、校友们早年的毕业证书等实物，更加丰富了校园文化，完备了校史史料，使博学文化更翔实、更灿烂。

魅力独具的校友文化，是百年老校永葆青春的文化。

4 群星璀璨的英才文化

110多年来,学校人才辈出,各级政要、科学泰斗、军事骁将、体坛健儿、文艺巨星、商界巨擘等百业人才,群贤毕集。以下介绍几位代表人物,旨在感恩先贤,激励来者。

首义龙将李赐生

李赐生为学籍注册名,后用名李次生。

1887年11月18日,在孝感一户李姓农家,诞生了一位在中国近现代历史上屡屡被忆起的伟大先贤——李赐生。

1900年,李赐生来到武汉,进入博学书院读书,从此与武汉结下了不解之缘。他在博学书院接受了西方近代科学知识和进步思想的熏陶,并师从杨格非、马辅仁等,学得纯正英文。

1905年,18岁的李赐生以优异成绩从博学书院毕业,成为博学书院的首届毕业生。

1909年,眼界开阔的李赐生,在22岁的时候,毫不犹豫地追随父亲加入了革命组织、中国同盟会的外围革命团体——共进会,致力于民族复兴的大业。

在共进会里,李赐生的任

李赐生先生

务是担任十分危险的秘密联络工作,联络长江两岸的会党,为武装起义做准备。共进会首领、革命元勋孙武(尧卿)秘密编组五镇军队,由孙武任正督统,每镇设副督统分别统率。

1911年10月9日,被推举为武昌起义革命军参谋长的孙武在汉口租界宝善里试验炸弹,不慎爆炸,手脸受伤。李赐生迅速给他包扎伤处,背其下楼,巧妙躲过盘问,逃到租界的同仁医院,并让医生迅速给孙武进行医治。

这次爆炸,引起了清军全城大搜捕。革命形势空前危急。俄国巡捕闻声而至,搜去革命党人名册、起义文告等,起义秘密泄露。湖广总督博尔济吉特·瑞澂下令关闭四城,四处搜捕革命党人。

情急之下,孙武决定立即于10月9日晚12时发动起义。但武昌城内戒备森严,各标营革命党人无法取得联络,当晚的计划落空。

10月10日,李赐生冒着生命危险,引导从南昌紧急赶回汉口的共进会党人邓玉麟拜见孙武,决定更改原来推迟起义的打算,提前举行起义。武昌起义遂在10月10日当天仓促举行。

李赐生立即赶往武昌,向湖北新军秘密传令,约定以枪声为号,于10月10日晚发动起义。

李赐生传令武昌时,腰间秘藏了两面九角十八星旗和一把手枪。

10月10日当晚,新军工程第八营的革命党人打响了武昌起义的第一枪,夺取位于中和门附近的楚望台军械所,吴兆麟被推举为临时总指挥。第八营革命党人缴获步枪数万支,炮数十门，子弹数十万发，为起义的胜利奠定了基础。

此时，驻守武昌城外的辎重队、炮兵营、工程队的革命党人亦以举火为号，发动了起义，并向楚望台齐集。

李赐生高举九角十八星旗，手持手枪，引导二十九标蔡济民部攻打蛇山，亲手扯下了清王朝的龙旗，将一面九角十八星旗插上了蛇山高地，另一面挂在了咨议局大门口。10月11日上午，李赐生又从汉口送来仅存的东京同盟会预拟的起义文告一份，革命军当即照抄多份，并将其到处张贴，告示江城父老，安抚民心。

被起义震惊得惊慌失措的清军立即集结大量兵力，三军齐进，向武汉进行疯狂的反扑。在与清军鏖战之际，李赐生奉命乘坐快轮到湖南求援。在他25岁生辰的那天，李赐生率领两船约4000人援军奔向武汉。李赐生担任少将督战员，以少将军衔增调部队以加强火力，同时手持黎元洪大令，军前督战，出生入死。

武昌起义后，英勇善战的李赐生被誉为孙武手下"龙将"。

民国元年（1912），黎元洪特地在美国为武昌起义定制了武汉纪念章金质100座，银质1000座，铜质1万座，赠送给武昌起义的有功之臣及将士。李赐生因少将督战，拿旗过江之功，获金章一座。

李赐生的父亲李汉卿也是辛亥革命元勋之一。民国13年（1924）李汉卿在协和医院病逝。当时孙武以"陆军步兵中将，勋二位，一等大授宝光章，义威将军"勋名，致挽联：

"有子佐革命,革命成功,功成身退;乃翁本基督,基督博爱,爱博人寰"。

李赐生后来在北伐军中担任稽查主任、江汉关特派员。抗战爆发后,李赐生到湘潭避难,后来又赴贵阳和儿子李志新住在一起,抗战结束后返回武汉,于1950年病逝。

农业专家杨显东

杨显东,博学书院1923届毕业生。著名的棉花专家、农学家、农业行政管理专家、社会活动家。

1902年11月23日,杨显东生于湖北省沔阳县(现为仙桃市)何坝村的一个贫苦农民家庭,1923年从博学书院毕业后,考入金陵大学。

1927年夏,杨显东在金陵大学农科毕业后,到河南冯玉祥将军创办的河南训政学院任教。1928年,杨显东回到家乡湖北,在武昌担任湖北省棉业试验场技士兼代场长,为发展湖北省棉产改进事业奠定了良好的基础,受到当时湖北省建设厅厅长石瑛和武汉大学校长王世杰的赏识。

杨显东

1934年8月,在石瑛和湖北著名人士李范一的支持下,杨显东考进了美国康奈尔大学研究生院,专攻棉花品种改良。一年后,他写出了《美国棉花纯种区域制度与适应中国的可能性》论文，并获得科学硕士学位。接着，为了深入了解美国棉花科研、生产与运销情况，杨显东曾去美国南部主要棉区德克萨斯州农工学院借读，并到附近各个棉区进行实地考察。1937年5月，34岁的杨显东发表了《美国棉花分级标准的发展》论文，受到导师和美国农业部专家、学者的好评。后又获得了美国康奈尔大学哲学博士学位。

杨显东留美期间，认识了在康奈尔大学学习的女共产党员范妮·普莱斯，并通过她与美共组织取得了联系。在她的帮助下，杨显东学习了英文版的《共产党宣言》等马克思经典著作。1937年6月由美国共产党引荐，他在取道欧洲回国途中，顺道访问了苏联，受到苏联农业部部长的热情接见。

杨显东经苏联回到北平那天，正是卢沟桥事变爆发之日，国难当头，他以留美博士身份前往南京，向国民政府表明报国之意，杨显东被任命为军事委员会农产调整委员会少将级专员兼陕豫鄂三省核查主任。南京沦陷前夕，杨显东随国民政府撤到武汉。1937年秋，日寇进攻武汉，国民政府又由武汉迁往重庆。杨显东毅然留在湖北，与以董必武、周恩来为首的中国共产党组织取得联系。从此，杨显东以社会职业为掩护，一直在党的领导下工作。1937年，杨显东和陶铸一起在应城汤池以湖北省建设厅名义举办农村合作人员训练班。1938年，他在襄阳举办鄂北棉业讲习所，并任所长。1939年，他又在谷城举办茨河手纺织训练所，任所长。为争取抗日战争的胜利，杨显东培训了上千名抗战工作干部，他们大部分参加了新四军。后来杨显东又任经济部农本局特派员兼福生总庄樊城分庄主任、行政院农产促进委员会湖北推广专员、四川省农业改进所技正,以及重庆美国经济作战局农业顾问等职,做了大量有利于抗战、有益于人民的工作。抗日战争胜利后,杨显东和全国大多数人民一样,希望中国出现一个和平建设的新局面,尽快医治战争创伤,恢复和发展工农业生产,让人民过上安居乐业的生活。

1945年10月,杨显东任国民党政府行政院救济总署湖北分署副署长、代署长。回到光复后的武汉,杨显东与中国共产党派驻国民党统治区的代表董必武取得联系,利用联合国善后救济总署制定的"救济不分种族、不分宗教信仰、不分政治党派,只要有困难,应一视同仁,给予救济"原则,为抗战期间在武汉周围打击敌人做出了重大贡献、为抗战胜利后被国民党军队围困的中原解放区军民,送去了大量的粮食和其他救济物资,并帮助安置伤病员,使解放区的军民后来能较为顺利地突围。

1948年,解放战争转入大决战,杨显东这时由武汉转到上海,任上海粮食紧急购储会特别顾问。由于工作出色,杨显东得到南京国民政府行政院院长翁文灏的赞赏和上海粮食紧急购储会负责人杨绰庵的信任,他们把购储会的大权交给杨显东,杨显东抢购并进口了大批粮食。上海解放前夕,杨显东巧妙地将美国进口的2万吨大米存留在上海跑马场,未运往广州,为迎接上海解放献上了一份厚礼。

1949年5月27日,中共华中局组织部给杨显东去电,任命他担任武汉大学农学院院长。同年秋,杨显东又被选为华中区代表，到北京参加了中国人民政治协商会议和中华人民共和国开国大典，并被政务院任命为农业部副部长。当时，杨显东47岁，年富力强。想到中国是个落后的农业大国，杨显东以坚忍不拔的精神、满腔的热情，全身心地投入我国的农业改造和农业建设事业，在推动我国棉花科学技术事业的发展，推动中国农业科学和教育体制的建设，推动我国植物保护科技事业发展，特别是根治蝗害，以及团结、爱护、关心广大农业科学技术人员，建立和发展农业科技学术团体，开展我国农业现代化学术交流和研讨活动等方面，发挥自己所长，做出了十分重要的贡献。杨显东在1956年光荣地加入了中国共产党，并被选为第一、第二、第三届全国人民代表大会代表和第六、第七届全国政协委员。

1958年"大跃进"带来浮夸风，大家以为"人有多大胆，地就有多大产"。不久，浮夸风刮到棉花所，杨显东坚持实事求是的科学态度，亲自对分管领导做思想工作，要求大家坚持科学精神，实事求是办科研，要在全国棉花科技界带好头，发挥好模范作用。

1980年，为团结全国棉花科技工作者，促进我国棉花科技事业的发展，杨显东发起成立中国棉花学会，并被选为名誉会长。他语重心长地勉励全国棉花科技工作者要发愤图强，要为我国棉花走向世界而奋斗。杨显东的这个愿望和他毕生眷恋的棉花科技事业发展的理想，终于在他耄耋之年得以实现。

外交家浦寿昌

浦寿昌，博学中学1937届毕业生。曾任中华人民共和国

外交家浦寿昌

外交部常务副部长（1979年11月至1982年4月）、中国社会科学院副院长等职。浦寿昌于1942年6月毕业于美国密歇根大学，1946年获美国哈佛大学研究院博士学位。1944年加入中国共产党。在美国学习结束后，浦寿昌留在美国负责留美中国学生工作；曾任《文汇报》驻美国特约记者。浦寿昌曾为赛珍珠东西文化协会担任讲员，到美国各地巡回演说。同时，浦寿昌协助冯玉祥将军在美国开展反对内战、反对独裁、反对美国援蒋的活动，并任冯将军的英文翻译。1949年11月回国后，直至1962年，浦寿昌多次为党和国家领导人的外事活动担任英文主译。浦寿昌于1950～1954年任外交部政策委员会秘书兼周恩来总理的英文翻译（1952～1953年赴朝鲜参加开城谈判）；1954～1965年担任国务院总理秘书，曾随周恩来总理访问非洲十国；1965～1973年任外交部政策研究室副主任；1974～1979年任国家计划委员会外事局局长；1982年5月调任中国社会科学院顾问；现为摩洛哥王国科学院院士。浦寿昌出席过的重要国际会议有：1954年第一次日内瓦会议；1955年万隆会议；1957年、1960年各国共产党的莫斯科会议；1961年第二次日内瓦会议；1981年各国首脑的坎昆会议；1982年发展中国家在新德里举行的协商会议。浦寿昌还曾参加《毛泽东选集》英译本及党和国家重要文件的英文定稿工作。

"世界杂交水稻之父"袁隆平

"他是一位真正的耕耘者。当他还是一个乡村教师的时候，已经具有颠覆世界权威的胆识；当他名满天下的时候，却仍然只是专注于田畴。淡泊名利，一介农夫，播撒智慧，收获富足。他毕生的梦想，就是让所有的人远离饥饿。"（"2004年感动中国十大人物"之一的袁隆平颁奖词）

袁隆平，农学家、杂交水稻育种专家，中国工程院院士，美国科学院院士，被誉为"世界杂交水稻之父"。1943～1947年就读于博学中学。

袁隆平长期从事杂交水稻育种理论研究和制种技术实践。1964年，他首先提出利用"不育系、保持系、恢复系"三系法培育水稻杂种优势的设

"世界杂交水稻之父"袁隆平

想并进行科学实验。1970年，袁隆平与其助手李必湖和冯克珊在海南发现一株花粉败育的雄性不育野生稻，这成为突破"三系"配套的关键。1972年，他和他的助手育成我国第一个大面积应用于生产的水稻雄性不育系"二九南一号A"和相应的保持系"二九南一号B"；于1973年育成了第一个大面积推广的强优组合"南优二号"，并研究出整套制种技术。1976～1987

年，袁隆平培育的杂交水稻种植面积累计达到11亿亩，增产稻谷1000亿千克。1979年，杂交水稻作为中国第一个农业技术专利转让美国。1986年，袁隆平提出杂交水稻育种分为"三系法品种间杂种优势利用、两系法亚种间杂种优势利用到一系法远缘杂种优势利用"的战略设想。1996年，中国提出"超级稻"育种计划，由袁隆平主持的国家杂交水稻工程技术研究中心展开对"超级稻"的协作研究。袁隆平和课题组其他人员的研究和技术推广工作使"超级稻"连续3年在全国近10个省大范围试种，平均亩产达800千克。基于这一成果，中国于1999年宣布在世界上率先育成超高产杂交水稻——"超级稻"。在云南试种的50亩"超级稻"，有一亩产量高达1137千克，创下世界水稻单产的最高纪录。

袁隆平身兼多职，任国家杂交水稻工程技术研究中心主任、中国工程院院士、湖南省政协副主席、中国农学会理事、中国作物学会副理事长、全国科协常委；曾先后被聘为农业部杂交水稻技术顾问、国家杂交水稻工程技术中心主任和联合国粮农组织首席顾问等职务。

1999年，经国际小天体命名委员会批准，中国科学院北京天文台施密特CCD小行星项目组发现的一颗小行星被命名为"袁隆平星"。

2000年5月31日，以袁隆平名字命名的袁隆平农业高科技股份有限公司股票"隆平高科"在深交所上网定价发行。这是中国证券市场首次以科学家名字命名上市的公司和股票。

2000年8月，以袁隆平名字命名的高等院校"袁隆平科技学院"在湖南成立,袁隆平出任名誉院长。这是中国首家以科学家名字命名的高等院校。

袁隆平虽过80高龄,但仍然活跃在科研和生产的第一线。工作之余,他的爱好是看书、听音乐和拉小提琴。

袁老对母校有着深厚的情感,十分关心母校的建设和发展。袁老曾捐资赞助贫困学生,后学校将这笔款项设立为"袁隆平奖学基金"。10余年来,有1000多名同学获此奖学金。袁隆平曾多次探望母校。2009年4月21日,新华网以"袁隆平母校'寻根'"为题进行图片新闻报道,省市各大媒体也有大篇幅报道。袁隆平为母校的新貌和取得的业绩激动不已,回到湖南后立即又向母校110周年校庆捐出巨资,并于2009年10月6日出席母校110周年校庆大典,亲自为母校学子颁奖。

航天科学家林华宝

林华宝,博学中学1947届毕业生,与"世界杂交水稻之父"袁隆平同桌,"一张桌子走出两名院士"一时在荆楚大地传为佳话。

1949年9月至1950年8月,林华宝在重庆大学土木系学习;1950年9月至1952年2月,在清华大学土木系学习;1952年2月至8月在北京俄文专修学校进修;1952年9月至1956年7月,赴苏联彼得格勒建工学院土木系工业和民用建筑结构专业学习,毕业后回国。

航天科学家林华宝

1956年8月至1958年10月，林华宝任中国科学院力学研究所实习研究员；1958年11月至1966年8月，任上海机电设计院工程组组长、研究室副主任；1966年9月至1988年3月，任七机部八院（现508所）研究室副主任、副所长，高级工程师、研究员。1982年10月林华宝加入中国共产党，1990年荣获国家级"有突出贡献的中青年专家"称号，自1991年起享受国务院政府特殊津贴。1996年7月，林华宝当选为国际宇航科学院通讯院士；1997年11月，当选为中国工程院院士。自1988年至今，林华宝任航天部（现航天科技集团公司）五院科技委常委、返回式卫星总设计师、博士生导师；2001年6月，任航天科技集团公司科技委顾问、五院科技委顾问、返回式卫星系列首席专家、返回式卫星总工程师。

1956年8月，林华宝同志从苏联学成回国，被分配到中国科学院，从此步入中国的空间事业。在当时艰苦的条件下，他参加了T-7和平号系列探空火箭的研究工作。1963年，林华宝同志作为中国第一个高空生物试验火箭箭头的技术负责人，组织工程技术人员开展研制工作。通过攻关，他们在一年多的时间内完成了火箭箭头的设计、制造和环境试验。1964年7月19日，中国第一枚载白鼠的高空生物试验火箭发射成功。之后，中国又成功发射了载狗的高空生物试验火箭，为中国载人航天发展先期探索做了十分有益的工作。

1965年开始，林华宝作为结构分系统技术负责人投入返回式卫星的研究。1970年，他服从组织调动，从结构和力学方面转入返回技术领域。他先后作为返回技术研究室和研究所的负责人,领导和组织了中国第一代返回式卫星的回收分系统的研制。在他的组织领导下,研究室制定了卫星着陆段技术方案和工作程序,对回收分系统进行了充分的地面试验,最后研制了可靠性很高的回收分系统。1975年,中国返回式卫星飞行试验首次获得成功,回收分系统完成了预定的任务。林华宝为我国成为世界上第三个掌握卫星回收技术的国家做出了卓越贡献。1977年10月获"北京市科技先进工作者"称号;1984年荣立航天部一等功。

1988年,林华宝担任返回式卫星总设计师。他在组织指挥原有返回型号卫星研制发射的同时,负责中国新一代返回式卫星的研制。他在抓好卫星总体设计的同时,与卫星有关分系统设计师一起做了大量深入细致的工作,通过技术上不断深入的研究,解决了一系列关键性技术难题,使新一代返回式卫星技术水平上了一个新台阶,取得了首航并连续发射和回收成功了三颗卫星,取得重要应用成果,达到了世界同类卫星的先进水平。1993年他被航天总公司授予"航天奖"荣誉称号;1995年荣立航天总公司五院二等功;1997年荣立航天总公司五院一等功;1998年获"中国航天基金奖"。

在完成第一代、第二代返回式卫星的研制后,林华宝继续在返回式卫星领域进行探索与研究,积极组织研制队伍,开展后续新型号返回式卫星的研制,为返回式卫星技术的不断发展和保持研制队伍稳定而奔忙。他积极培养和大力推荐科技人才尤其是年轻科技人才到卫星的关键岗位锻炼。作为返回式卫星总设计师，他带出了一支工程素质高和作风过硬的研制队伍。

1997年，林华宝同志当选为中国工程院院士后，集中精力进行返回卫星系统工程的研究和人才的培养。他积极组织卫星、运载火箭、发射场、测控及地面应用各大系统的总体设计与技术协调，古稀之年仍奔波于各地，来往于工程的各大系统之间。作为博士生导师，他在工程任务繁忙之中培养了多名硕士生、博士生，并任北京航空航天大学、西北工业大学、厦门大学和集美大学兼职教授。在取得工程成就的同时，他也为航天事业培养了一大批年轻人才。

自20世纪50年代末以来，林华宝一直工作在我国空间技术领域的第一线，是我国卫星回收技术领域和返回式卫星的技术带头人之一。60年代他开始从事卫星回收系统的研究，参加了中国全部返回式卫星的研制和飞行试验。在工作中他潜心尽力，刻苦钻研，精益求精，为解决卫星重大关键技术和返回式卫星的研制、发射成功做出了卓越贡献。他曾获国家级科技进步奖特等奖2项，一等奖1项；获部级科技进步奖一等奖3项，二等奖2项。林华宝同志患病期间依然心系五院的科研生产和其他工作，为我国航天事业倾注了最后的心血，体现了一名共产党员高昂的革命热情和一名忠诚的航天人甘于奉献的崇高精神。

2003年8月17日16时，林华宝院士因心脏病突发医治无效，在北京逝世，享年72岁。

林华宝院士毕生献身于我国的航天事业，是我国航天事业的功臣巨擘。

生态专家张世贤

张世贤，博学中学1950届毕业生。曾任农业部农业司司长，中国科学院特约研究员，中国农业大学教授，中国植物营养与肥料学会副理事长，中国科学学会常务副理事长，农业部远距离教育研究会副会长和全国生态专家组专家。

生态专家张世贤

张世贤教授知识渊博，阅历丰富。他曾先后担任农业司专家顾问组总顾问，中国农业大学及华中农业大学客座教授；领导和组织了一系列发展农业生产的战略性措施、政策、法规和条例的起草和制定工作。他曾先后率团赴美国、加拿大、德国、日本、菲律宾、泰国等10余个国家考察农业问题；曾3次参加联合国亚太经合组织社会与农业环境委员会会议，在会上宣读了《中国农业发展与展望》等报告，先后被大会评选为执行副主席、主席，撰写科普论文30余篇。他讲学时，从世界生态发展变化讲到人类生命之源，从中国农业科技进步与可持续发展讲到发展循环经济，建节约型农业，语言生动，发人深省。他很关注长效缓释肥的研究工作，认为是为民造福，关系子孙后代的一项大工程，希望有关研究工作与企业要紧跟时代发展步伐，在新形势下用新理念建造新型肥料企业。2007年和2009年，张世贤教授应武汉四中之邀先后两次回母校讲学。他和蔼、亲切的态度与渊博的知识感染了每一位聆听报告的武汉四中学子。

青运活动家高峰

高峰（原名高世昌、高岗），博学中学1950届毕业生。1949年4月武汉解放前夕参加中共地下党外围组织"新民主主义青年联盟"。1951年1月，距离高中毕业仅差半年时，他由组织调出参加工作。他曾先后任中共武汉市硚口区党委宣传部干事、中共武汉市机械工业党委宣传部干事、武汉市洪山区政府文教科副科长等职务。

1956年9月，他考入中国人民大学政治经济学系，1960年9月被分配到南开大学经济学系任教，1986年晋升为教授，并于1984年和1991年两次赴美国做访问学者。

他长期从事政治经济学的教学与研究。曾给本科生开设"政治经济学""《资本论》选读"等课程。20世纪80年代中期开始指导以《资本论》为研究方向的硕士研究生。1994年，他开始招收现代资本主义经济理论方向的博士研究生，曾为研究生开设"《资本论》研究""现代资本主义经济理论专题"

"现代西方马克思主义经济著作选读"等课程，培养了数十名博士研究生。早在20世纪80年代初，高峰参与了南开大学经济系编著的《政治经济学》（天津人民出版社，1982）中资本主义部分的编写与修改；80年代末参与撰写了由当时国家教委教育司组织的参考教材《当前政治经济学教学的若干理论问题》（高等教育出版社，1991）；90年代初又被当时国家教委社科司抽调参与撰写和修改国家统编教材《政治经济学》（中国经济出版社，1993）中资本主义部分，该书曾获全国高校优秀教材一等奖。

军旗手周新璿

周新璿，博学中学1952届毕业生，1953年成为空军第一代教官，从事尖端科学技术研究。退伍后，在武汉无线电厂工作，成为国内无线电行业著名工程师，受到武汉市政府多次嘉奖。晚年整理人生经历，著有《难忘的一九四四——西南大撤退逃难纪实》等作品，其中，《难忘的一九四四——西南大撤退逃难纪念》被中国人民抗日战争纪念馆战史研究部收录，作为珍贵资料收藏。

他从德国学习回国后，成为空军的主力教官，教授操作和维修。1955年，他被选调赴苏联学习导弹技术，由于中苏关系，后改为进入哈尔滨军事工程学院，专攻导弹遥控专业。在国内，他和许多学员一样，同样熟练掌握了苏联萨姆导弹系列的全套技术。他因数次保障我国导弹部队击落U-2飞机而立功，曾多次受到毛泽东、周恩来、朱德、邓小平等国家领导人的接见。

周新璿为 1952 年国庆阅兵军旗擎旗手

核物理专家陈鹤鸣

陈鹤鸣,武汉四中 1952 届毕业生。1956 年 7 月中南工业大学冶金系毕业后到清华大学工程物理系任教。1960 年初至 1962 年初,陈鹤鸣到苏联莫斯科工程物理学院进修,后任教授。他在清华大学从事教育工作 39 年,曾任核反应堆材料教研室主任和核材料物理教研室主任;曾连续三届被选为中国腐蚀与防护学会理事和中国核学会核材料学会理事;曾被选为中国能源研究会地热专业委员会委员,北京腐蚀与防护学会表面技术专业委员会委员和中国科学院腐蚀科学开放研究实验室学术委员会委员;曾任国际材料联合会中国委员会副秘书长和中国材料研究学会副秘书长兼科技开发部主任。陈鹤鸣现任中国腐蚀与防护学会能源工程腐蚀与防护专业委员会主任、《中国腐蚀与防护学报》编委、中国腐蚀与防护学会高温专业委员会委员。长期从事核反应堆材料腐蚀及其防护的教学和研究。1984年1月，由其主编的高校教材《核反应堆材料腐蚀及其防护》在中国原子能出版社出版，1987年，获核工业部优秀教材评审纪念奖，并收入《中国优秀科技图书要览》。他承担和完成了国家自然科学基金、"七五"攻关、"八五"攻关、"863"高科技和国际原子能机构科研合同等有关科研任务15项，在国内外学术会议、学术刊物发表论文、报告120余篇，获国防科委、国家教委、轻工业部和北京科技成果三等奖各1项，国家专利局授予发明专利证书和实用新型专利证书各1份。陈鹤鸣为我国培养了大批从事核材料工作的科技人才，现被清华大学与企业合作委员会聘任为专职委员。

华佗传人管竞环

管竞环，武汉四中1955届毕业生，享受国务院特殊津贴。全国著名肾脏病专家，省劳动模范，全国第二批五百名老中医药专家指导老师，中医主任医师，湖北中医学院教授，硕士研究生导师，武汉市第一医院肾病科主任医师。发表论文30余篇，著有《中医药理论量化与微量元素》《肾脏病六大病征诊疗学》《陆真翘临床医案医话选集》等专著，获得科研成果奖15项。

幕墙达人龙文治

龙文治，武汉四中1955届毕业生，1961年清华大学毕业。曾任中国人民解放军第57142厂总工程师、副厂长，武汉凌云建筑装饰工程总公司副总经理，湖北省建筑幕墙检测中心主任，真空玻璃双层幕墙门窗标准化技术委员会专家组组长，中国建筑装饰协会幕墙工程委员会专家，建设部幕墙门窗标准化技术委员会专家组组长，建设部建筑制品与构配件产品标准化技术委员会委员，中国建筑金属结构协会铝门窗幕墙委员会幕墙专家组成员。其著作有《如何提高建筑门窗幕墙抗震能力》《漫谈建筑幕墙热工性能》等。

短跑冠军李必华

李必华，武汉四中1957届毕业生。学生时代的李必华短跑和跳远成绩特别好，中学毕业后被选送到湖北省田径队。

短跑冠军李必华

在第一届全国运动会上，武汉队男子首次进入全国总分前12名，并保持男子100米、4×100米接力两项全国最高纪录。1959年10月，武汉短跑新手李必华还在北京代表我国参加中国、朝鲜、蒙古国3国田径友谊赛，获100米赛跑冠军。1961年和1963年，在全国田径运动会上，李必华再获冠军，成绩为10秒6。1963年，他代表国家在首届新兴力量运动会上与队友合作夺得4×100米接力赛的银牌；接着出访缅甸，连获100米和200米赛跑两项冠军；1965年11月，在武汉举行的中国、越南田径友谊赛中，他以10秒2的优异成绩破100米10秒3的全国纪录，进入当年100米跑世界前10名的行列。

奇才奇人刘少斌

刘少斌，武汉四中1959届毕业生。武汉大学法律系毕业后留学苏联，毕业于苏联莫斯科大学法学院。曾先后在国家政法机关工作20余年，在东欧五国大使馆工作8年，回国后任国务院三峡建设委员会副主任（时国务院总理李鹏任三峡建设委员会主任）兼财务总监近10年，同时兼任全国民办教育顾问专家委员会副主席及中国扶贫基金会名誉会长等职。现任世界浙商联合总会秘书长，中央党校、北京大学、武汉大学特聘教授。系法学教授、高级律师、高级翻译、高级经济师。

刘少斌先生曾多次探望母校，其对母校的回忆见附录四。

刘少斌

评书大师何祚欢

何祚欢，武汉四中1959届毕业生。湖北省评书大师，国家一级演员。担任武汉市艺术创作中心主任、中国曲艺家协会

评书大师何祚欢

理事、中华说唱艺术研究中心主任、武汉市文联副主席、武汉市民间文艺家协会主席、华中师范大学兼职教授、湖北省政协委员,被授予文化部及湖北省有突出贡献的专家,享受国务院政府特殊津贴。

小时候的何祚欢不仅是个"小戏迷",而且还是个"小书迷",上小学时便与曲艺结缘。1956年考入第一师范学校读书。1959年8月至1963年8月,任武汉市第四职业中学教师。其间,创作演出了大量的曲艺节目,尤以说书为人所瞩目。1963年调入武汉市说唱团,师从李少庭,从此步入职业曲艺队伍的行列。在长期的艺术实践中,他不仅学艺孜孜不倦,而且善取众家之长,最终称誉曲坛,并被列为"中国评书评话十大名家"之一。他曾任武汉市说唱团团长,连续两届被评为武汉市"十佳演员",1990年获湖北省第一届明星奖。他创作的作品有长、中、短篇评书200余万字,其中代表作有长篇《杨柳寨》、中篇《彩电风波》、短篇《天外姻缘》等。其作品曾获湖北省百花书会创作、演出两个一等奖,全国曲艺观摩调演一等奖,全国短篇作品一等奖及文化部大赛二、三等奖。何祚欢还撰写论文40余万字。20世纪90年代他开始涉足小说、戏剧创作,其所著的"儿子系列小说"及喜剧《穆桂英休夫》均得到社会好评。

40多年前,何祚欢从教师职位上转行,走进他所钟爱的评书圈。师公对他说:"读书人说书太好了。可是不停地说下去,读的书可能不够用。"果不其然,他有一次说《西游记》的时候,说到围棋时一下停住了,因为何祚欢对围棋一窍不通!好在他对象棋非常熟悉,就临时偷梁换柱把围棋说成象棋混过去了。事后,何祚欢一口气看了好几本围棋书籍,还找兄弟学习技巧。后来武汉说唱团的很多同事会下围棋,都是由他传授的。从此,为了说书艺术,何祚欢广泛涉猎。他写过几部长篇小说,"是想从小说里学点东西",后来他将小说陆续改编成评书,其中两部在中央电视台播出后,广受好评。

中东特使孙必干

"他于花甲之年临危受命,远离故土只为续写使命传奇。为了达成和平,他游刃于战火之间,为了挽救生命,他斡旋在死亡边缘。"("2004年感动中国十大人物"之一的孙必干颁奖词)

孙必干,武汉四中1960届毕业生。1965年毕业于北京外国语大学阿拉伯语专业,之后,他长期在中东工作学习。1990~2002年,他曾先后担任中国驻沙特阿拉伯、伊拉克等国大使。

2003年5月,美军宣布结束对伊拉克大规模军事打击

中东特使孙必干

后，中国政府着手进行驻伊拉克使馆（简称驻伊使馆）的复馆工作。已经退休的孙必干以花甲之年、带病之躯，辞别了80多岁的父母，前往动荡不安、战乱频发的伊拉克，并任复馆小组组长。2004年2月，由于伊拉克环境险恶，孙必干带着保镖在枪炮声中进入巴格达，成为中国第一位带着保镖上任的外交官。

重返巴格达后，驻伊中国使馆已被洗劫一空，孙必干一行不得已搬进了距离美军驻伊司令部只有一公里之遥的曼苏尔饭店，爆炸声和枪炮声不绝于耳。孙必干是这样形容那段生活的："在枪声中睡，在炮声中醒。"在这种动荡的形势下，伊拉克发生了一件让孙必干意想不到的事情。这也是他近40年外交生涯中从来没有遇到过的：2004年4月11日晚上，中国有7名工人被不明身份的伊拉克武装分子绑架！听到这个消息如晴天霹雳。就在那几天，先后发生了3名日本人、1名加拿大人、4名意大利人和2名美国人被绑架的事件，有的人质已被撕票！在这紧要关头，孙必干是如何应对的？孙必干首先尽快向国内汇报此事，中国外交部在第一时间召开了新闻发布会，表明了我国对此事的态度；同时，中国驻伊工作组开展了营救工作。孙必干在阿拉伯半岛电视台发表讲话，跟绑匪说，这些中国人都是来这儿经商务工的，他们是冲着伊拉克人民的友好而来的，他们到这儿来只会为我们两国的友好做事，而不会伤害任何人，所以请你们尽快把他们放回来，他们的失踪不仅仅我国政府很关注，而且他们的家人也非常担心他们的安危。与此同时，孙必干开展了民间外交，利用个人关系与伊拉克当地有影响力的宗教组织——长老会取得联系，使绑匪在23小时后释放了中国人质。23个小时成功解救人质，一时间在国际外交界传为佳话。但在孙必干看来，作为一名外交官就应该将国家的利益放在第一位。为了减少伊拉克战争带给中国驻伊公司的损失，孙必干和复馆小组的成员在驻伊的半年多时间内经常冒着生命危险开展外事活动。

他虽然已经引退，但是在国家需要的时候，毫不犹豫，挺身而出，苟利国家生死以，岂因祸福趋避之。所以，他被评为"2004年感动中国十大人物"之一是当之无愧的。

2006年4月1日，孙必干接替王世杰，任中国中东问题特使。

中国外交部"推委会"有这样的一段评价：孙必干是中国第一位带着保镖上任的外交官。在年过花甲卸任以后，他本想在母亲身边尽孝，但是在国家需要的时候，他毫不犹豫地选择了为国尽忠。他平和的微笑和从容的谈吐，永远蕴藏着坚强。他的安危曾让祖国揪心，他的坚强，更让祖国感动。

航天科学家杨传荣

杨传荣，武汉四中1960届高中毕业生，航天科学家。作为金属材料专家，他撰写的7篇论文、8篇技术报告和制定的3项国家军用标准文件，为航天发展和军工事业提供了珍贵的理论和实践依据。神舟7号发射成功，凝聚了他与一代又一代航天人毕生的心血和才智。

计算机专家余祥宣

余祥宣，武汉四中1960届高中毕业生。享受国务院政府特殊津贴。曾任华中科技大学计算机软件教研室主任、计算机学院副院长、计算中心主任，湖北省计算机学会、武汉计算机学会常务理事、秘书长，湖北省软件行业协会常务理事，湖北省、武汉市保密技术咨询专家组组长。主持完成国家自然科学基金、国家"863"、国家密码发展基金、国防预研基金、国家保密局"九五"重点攻关等10余项安全保密科研课题，曾获部级教材一等奖1项、省（部）级党政机要科技进步三等奖1项，发表论文40余篇，出版、翻译著作6部。

翻译家高兰生

高兰生，武汉四中1960届高中毕业生。1965年毕业于武汉大学外文系英国语言文学专业，后任武汉大学外语学院英语语言学系教授。1983年在美国伊里诺伊大学语言学系获得硕士学位。回国后，他长期从事语言学和应用语言学方面的教学和研究。主要理论著作有《美国英语的发音》（英文）、《英语测试论》等。

骨科专家罗怀灿

罗怀灿，武汉四中1960届高中毕业生。协和医院骨科教授、主任医师、研究生导师，享受国务院政府特殊津贴。早年毕业于武汉医学院医学专业，现为中国管理科学研究院特邀终身研究员，美国国际医科大学荣誉博士，加拿大国际卫生医学研究院特聘研究生导师、教授。参编《湖北卫生骨科专辑》《护士晋升自学丛书》《外科护理》《矫形器的应用》等。

1989年8月，罗怀灿研制的"弹力骨盆兜"获得国家专利，1990年获省厅级科技进步三等奖。1999年，他研制的"可调式多功能上肢外展支架"获得国家专利。发表《弹力骨盆兜治疗骨盆骨折生物力学研究》《酒精灭活再植治疗骨肿瘤》《关节镜在诊断和治疗膝关节疾病上的应用》等多篇论文，其中《暂时阻断腹主动脉行骶骨肿瘤切除术》获第二届新世纪国际医药优秀学术论文名医成就奖，并于2003年获得首届全国人文社会科学优秀学术文献论文一等奖。

电子与信息技术专家徐启阳

徐启阳，武汉四中1960届高中毕业生，华中科技大学教授。曾任华中科技大学光学工程系副主任、激光技术国家重点实验室副主任、华中科技大学武昌分校信息科学与技术系主任，中国光学学会会员、美国电工与电子工程师学会（IEEE）和美国光学学会（OSA）会员。发表科技论文60多篇，科研成果获国家教委科技进步一等奖1项，出版专著《高功率连续CO_2激光器》《蓝绿激光雷达海洋探测》，教材《激光基础》和少儿读物《激光的故事》等。

器官移植领军人陈实

陈实，武汉四中1961届高中毕业生。全国著名外科专家，华中科技大学博士生导师、主任医生，同济医科大学器官移植研究所副所长，享受国务院政府特殊津贴。他先后赴美国、澳大利亚等国进修学

器官移植领军人陈实

习器官移植。现任中华医学会器官移植学会副主任委员、《中华器官移植杂志》副总编辑,主要从事实验和临床腹部器官移植和异种移植研究。在国内率先施行临床胰腺移植和胰肾联合移植,填补国内空白。现承担有关异种移植研究的国家高技术研究发展计划(863计划)和国家自然科学基金委重大项目课题研究。他主编有《移植免疫学》《器官移植手术图谱》等10余部作品,发表论文40余篇。

陈实领导的器官移植研究所,学术活动频繁,多次承办国际性和全国性学术会议,在国内外享有很高声誉。历年来共参加各类学术会议320余次,其中国际会议46次,全国会议274次。1982~1999年,他共培养博士研究生38名、硕士研究生42名,在读博士后1名,多数毕业生现已成为国内和国外许多研究机构和医疗单位的学科带头人或技术骨干。

石油专家葛建华

葛建华,武汉四中1962届高中毕业生,先后在石油部抚顺技术研究所、中石化洛阳设计设备研究所、美国杜尔(化工)有限公司工作。他曾担任中石化镇海石化公司等7个炼油厂及引进胜利、安庆等21个炼油厂的工程建设项目的设计管理工程师,曾参加中法合资大连西太平洋炼化公司恢复建设工程质量检查组,还曾受国家计委派遣赴日本参加NEDO能源集团节能及环保研修。葛建华先后荣获大连市和中国石化总公司"先进个人"称号及科技进步奖等。

著名中医王光宇

王光宇,武汉四中1962届毕业生。22岁开始研究中医中药。1979年调江陵卫校任教务主任、校长，后任药厂厂长、县药检所副所长。1993年，其主编的《322种中药及其微量元素》由湖北省科技出版社出版。著作《王光宇精准脉诊带教录》（一、二）一书，分别于2008年、2012年由人民军医出版社出版，《王光宇精准脉诊带教录》（一）曾7次重印。现为中医名医理事会副理事长、世界中医药学会名誉顾问、美国加州中医药大学博士生导师。

航天将军陈长贵

陈长贵，武汉四中1967届毕业生。中国西安卫星测控中心测控通信系统副总设计师、高级工程师、少将军衔。卫星测控中心作为我国航天测控网的管理机构，不仅是一个航天测控多任务中心，承担卫星的测控、回收和长期在轨管理任务，还是载人航天指挥控制中心的备份中心，担负"神舟"系列飞船的搜索、搜救任务。

在载人航天七大系统中，测控通信系统是一块极其特殊的部分：在飞船整个飞行中，它无处不在、无时不有，与其他六大系统紧密相连。飞船从升空一直到返回舱平安落地，包括飞船和火箭什么时候分离，什么时候入轨，太阳能帆板什么时候打开，飞船运行状态怎样，航天员身体状况如何，怎样和地面通话，什么时候返回，怎么保证落点的准确，以及遇到特殊情况怎么决断等，都是测控通信系统的工作范畴。

测控通信系统主要由以地面测控站为主的陆基测控系统和4艘远洋测量船构成的海基测控系统组成。副总设计师陈长贵主要负责该系统陆基测控网的设计与布局。

陈长贵与航天英雄杨利伟合影

超凡的技术和30多年从事测控事业的丰富经验,使他很快找到了高智能化的解决方案。陈长贵带领几个科技骨干历经3年,开发出一套可支持多任务实时并行数据处理的支撑软件系统,相当于给飞船和多颗卫星测控应用软件同时执行任务搭建了一个信息交换与数据共享的巨型平台,并且使软件处理的实时性、可靠性、安全性大为增强。

软件系统支持多任务同时测控的问题,通过技术挖潜得以解决。

很快,他又以更新测控资源管理模式为突破口,设计出一套统一的"陆基测控网多任务管理中心"实施方案。同时,自主开发出相应的多任务通用测控软件系统以提供支持。这套方案立足现有测控站分布条件,提高测控网自动化管理水平,不仅实现了测控资源最优分配策略与算法，还缩短了设备任务状态切换时间，有效提高了测控资源的利用率，从根本上解决了测控资源使用与分配的矛盾冲突。

以技术做后盾，运筹自如，所有在轨卫星和飞船的跟踪测量都牢牢掌握在设计者陈长贵的股掌之中。为确保载人飞行任务万无一失，陈长贵亲自下测控站检测设备、解决技术疑难问题。硬件故障总是带有偶然性，因此每次任务都让参试人员小心谨慎。为实现实时任务"零故障"，他规定中心及所有测控站的软、硬件，不管大小，都必须确保有一到多种预案和应急手段，有些大型复杂的核心软件系统，陈长贵都要亲自参与监理测试。由于设备维护精细、故障预想及时，测控通信系统软、硬件设施一直保持"零故障"，确保了飞船历次任务100%的成功率。

陈长贵非常怀念母校。由于工作繁忙，他极少回武汉。2003年，他因公路过武汉，深夜途径母校，在校门口足足伫立20多分钟才依依不舍地离开，第二天，他委托弟弟向母校送来两张珍贵的照片。

东风"神龙"周文杰

周文杰，武汉四中1968届毕业生。1968年参加工作，1970年7月任职于武汉市城建局，1972年6月任职第二汽车制造厂标准件厂，1979年6月任第二汽车制造厂党委调研室调研员，1990年7月任第二汽车制造厂经营管理研究所常务副所长，1995年任东风汽车公司总经理助理兼南方事业代表处总代表，2001年7月任东风汽车公司副总经理，并陆续担任东风本田汽车有限公司、东风本田汽车零部件有限公司董事

东风"神龙"周文杰

长,东风本田发动机有限公司和神龙汽车有限公司副董事长,东风汽车有限公司董事,东风汽车集团股份有限公司董事、执行副总裁。

周文杰自20世纪90年代以来,先后参与、主导了东风汽车公司多个与外国汽车公司的合资、合作项目。他作为东风与本田项目的首席谈判代表,与本田汽车公司谈判、组织实施在零部件、发动机、整车方面的多个合作项目,与台湾裕隆汽车制造股份有限公司和广州京安云豹汽车有限公司合资建立风神轿车项目等,为东风汽车公司通过合资合作方式完善地域布局、提升行业竞争力发挥了重要作用。

歌唱家熊家源

熊家源,武汉四中1968届毕业生。现为国家一级演员、著名男高音歌唱家，中国音乐家协会会员，广东省音乐家协会理事，深圳市音乐家协会专职主席，深圳市政协第二、第三、第四届委员，深圳歌舞团副团长，广东省声乐学会副会长，广东省政协第七届、第八届委员。享受国务院政府特殊津贴。

熊家源于1968年上山下乡，1970年参军，从事部队文

歌唱家熊家源

艺工作20年，先后在武汉军区胜利文工团、广州军区战士歌舞团任独唱演员，3次荣立三等功，2次破格晋级。

熊家源在全国、全军及广东省市各类歌唱大赛中10多次获得一、二等奖。1976年，他在全军第四届文艺汇演中获最佳演员奖；1980～1985年，获湖北省大型音乐赛事"琴台音乐会"两届声乐一等奖，湖北省青年歌手电视大奖赛一等奖；1987年，获中南五省青年歌手大奖赛民族唱法第一名；1985年7月，在全军中青年声乐大赛中，和总政歌舞团阎维文并列民族唱法第二名；1988年，荣获全国民歌大奖赛第二名；1989年9月全军调演获演员二等奖、歌曲创作三等奖。

1985年2月，他被评选为"武汉地区十佳演员"之一；1992年6月被广东省委、省政府授予"广东省优秀中青年专

家"的称号；1994年荣获"深圳市杰出专家"称号。

熊家源曾随中国人民友好艺术团出访匈牙利、德国，曾随中国音乐家代表团出访菲律宾，曾随中国人民解放军歌舞团出访朝鲜，曾受中国文化部派遣随中国艺术团出访希腊，曾随深圳艺术团出访美国、英国、法国、卢森堡、荷兰、比利时、德国、奥地利、意大利、澳大利亚、新加坡、马来西亚、印度尼西亚等。熊家源演唱的中国民歌深受外国朋友的喜爱和赞赏。1986年，在美国休斯敦市参加国际艺术节演出，他被授予"美国休斯敦市荣誉市民"。

自1979年以来，熊家源出版发行了《野草莓》独唱专辑盒带及《情深意长》《康定情歌》《中国名歌精选》等几十盘演唱盒带、唱片和CD碟。1993年，《熊家源之歌》独唱歌曲CD碟在新加坡出版发行；1989年10月，熊家源参加了中央电视台直播的《人民军队爱祖国》大型文艺晚会演出；1989年9月，他在中央人民广播电视台国庆四十周年征歌活动中演唱的《魂牵梦绕的地方》获全国二等奖。1997年11月15日，他在香港大会堂音乐厅成功举办了"王洛宾声乐作品及中国民歌演唱会"。

1999年，他参与组织、策划、实施的大型现代舞剧《深圳的故事·追求》荣获中宣部"五个一工程奖"及文化部"文华奖"；2000年，他参与组织、策划、实施的纪实剧式歌舞《祖国，深圳对你说》荣获中宣部"五个一工程奖"及文化部"文华奖"。

熊家源积极参加关爱行动及各种公益性文艺演出活动。深入工厂、农村、部队、社区演出和举办音乐讲座，2006年他在深圳市第三届关爱行动活动中被评为"先进工作者"。

新闻达人罗建华

罗建华，武汉四中1974届高中毕业生。省、市作家协会会员，武汉作家协会散文创作委员会委员，报告文学创作委员会委员，《武汉晨报》总编辑，高级编辑，华中科技大学新闻与传播学院兼职教授。享受市人民政府特殊津贴。中国新闻奖获得者。曾先后获武汉市"五一劳动奖章"、武汉市"优秀新闻工作者"荣誉称号等。

RNA学专家付向东

付向东，武汉四中1975届毕业生。1982年毕业于武汉大学病毒学系，1983年赴美国攻读博士学位，后在哈佛大学从事博士后研究，现为美国加州大学圣地亚哥分校细胞和分子医学系终身教授，同时为美国科学发展联盟以及美国RNA学会成员，经常来往于北美、欧洲、亚洲讲学及参加国际学术会议等。与国内中国科学院、北京大学、清华大学、武汉大学等都有合作研究项目，并任上海中国科学院客座教授和武汉大学客座教授等。

付向东从事生命科学领域最前沿的研究。目前，他在小RNA干扰及其应用方面的研究进展取得了令人瞩目的成就，先后在世界顶级著名杂志《科学》《自然》《细胞》等刊物上发表研究论文42篇，SCI影响因子大多数在10以上。

付向东在分子生物学、生物化学等领域有较深造诣。在生命科学界付向东因发现SR家族的剪接因子和一个新的激酶家族,为众人瞩目,其研究成果被世界所尊重。

在美国《科学》杂志所评出的十大科研突破中,RNA 研究在 2000 年和 2001 年位居第二,2002 年则位居榜首。

付向东在美国已获得专利 2 项,他取得了多项科研基金资助。其中 NIH 基金资助的剪接激酶 SRPKT 的功能和调节作用项目与 NCI 基金资助的 MRNA 同型对癌分类影响的第二阶段项目正在进行。

"屈人之兵"学者商景龙

商景龙,武汉四中 1980 届毕业生。曾就读于空军工程学院、空军政治学院、南京政治学院,获经济学学士学位、哲学硕士学位、法学博士学位。2008 年 6 月,他出版独著《战争、和平与国际秩序》,另与王晶雄、管秀合著《〈战国策〉与论辩术》。主要论文有《论历史重审的意义》《实践:马克思主义生成的境域》《探究"新军事革命的灵魂"》《建立国际新秩序的思考》《交流圣诞,实现"共同管理的和平"》《战争的秩序意义》《当代世界和平面临的重大挑战》《略论国际秩序"失范"及其整合》《秩序视野中的和平》《发展合作,自主性地建设和平》等 30 余篇,并参与撰写著作、教材、工具书共 5 部。

附 录

附录一　武汉四中·博学中学历任校长（院长）

姓名	性别	国籍	职务	任期	校名沿革
杨格非	男	英国	创办人	1899	博学书院
马辅仁	男	英国	院长	1899～1912	博学书院
嘉立德	男	英国	院长	1913～1915	博学书院
潘雅德	男	英国	院长	1916～1921	博学书院
余思思	男	英国	院长	1922～1925	博学书院
耿　仁	男	英国	院长	1926	博学书院
马辅仁	男	英国	院长	1927～1928	博学书院
胡儒珍	男	中国	校长	1928～1952	私立汉口博学中学
江筠庵	男	中国	校长	1952～1954	武汉市第四中学
卫国光	男	中国	校长	1954～1955	武汉市第四中学
江贤文	男	中国	代理校长	1955～1956	武汉市第四中学
邓铁生	男	中国	校长	1956～1959	武汉市第四中学

续表

姓名	性别	国籍	职务	任期	校名沿革
刘建国	男	中国	蹲点校长	1958~1959	武汉市第四中学
李兰生	男	中国	校长	1959~1961	武汉市第四中学
叶盛雷	男	中国	校长	1962~1965	武汉市第四中学
周歧彦	男	中国	工宣队队长	1966~1970	武汉市第四中学
李钢	男	中国	革委会主任	1971~1974	武汉市第四中学
罗青山	男	中国	革委会主任	1974~1975	武汉市第四中学
刘燮才	男	中国	革委会主任、校长	1975~1978	武汉市第四中学
郑长林	男	中国	校长	1978~1981	武汉市第四中学
李永铮	男	中国	校长	1982~1993	武汉市第四中学
刘启智	男	中国	校长	1993~1997	武汉市第四中学
詹楚民	男	中国	校长	1997~2002	武汉市第四中学
武万忠	男	中国	校长	2003~2011	武汉四中·博学中学
朱天元	男	中国	校长	现任	武汉四中·博学中学

附录二　袁隆平对母校汉口博学中学（现武汉四中）的回忆

2009年4月21日下午，我再一次踏上了日思夜想的母校——博学中学（今武汉四中）。母校的现任领导武万忠、高建国等热情地接待了我。在武汉市常务副市长袁善腊同志、硚口区区委书记王绍志同志的陪同下，我参观了母校美丽的校园，经博学广场，历拥有8000个座位的标准田径场，走桃李园曲曲折折的小路，过涌泉，游生物长廊，访当年教室——钟楼，听鸟语，闻花香，最后，进入富丽堂皇的博学礼堂。几次回母校，一次一个样。母校巨大的变化，令我的思绪一下子又回到了久远的博学中学时代。

1939年春，我们一家6口人随父亲辗转湖南等地逃难到了重庆。重庆在抗日战争期间是陪都，因此已沦陷或部分沦陷省、市的许多机关、单位和学校，为了抵抗日本的侵略，

保存在学籍档案上的袁隆平照片

都迁往重庆等大后方，汉口博学中学（下面简称"博中"）就是其中之一。新校址坐落在重庆市郊南岸背风铺，校舍十分简陋，除一栋学生宿舍属半砖瓦半土墙结构外，其余房屋都是用竹片敷上黄泥建成的。然而，这里是一处风景很美丽的山区，周围绿树成荫，四季鸟语花香。博中的姊妹校懿训女中（当时博中为男中），也建在这里，两校毗邻，因此，我们经常听到懿训女中唱诗班的优雅歌声，令人神往。

1943年春，我从赣江中学转学到博中，读初一，是我哥哥袁隆津极力主张我转学的，他当时已在博中读高一，他认为博中的教学质量比赣中好。从初一到高二，从重庆到汉口，从13岁到17岁，我就一直在博中学习、生活，可以说，我的青少年时期都是在博中度过的。因此，博中是我最感亲切的母

校,她对我的培养和教育,在我的成长过程中发挥了重要的作用。

抗日战争时期,生活都很艰苦,吃的是糙米饭,点的是桐油灯,一两个星期才打一次"牙祭",但学校的学习和生活气氛仍然很浓厚和活泼。我们的校长胡懿珍博士,堪称一位教育家,他不仅对学生的学习要求很严,而且要求学生德、智、体、美全面发展。因此,学校经常开展文体活动,我在这些方面的受益确实不浅,至今我还非常爱好音乐和游泳。

博中虽然是英国伦敦会创办的教会学校,但学校里的宗教活动甚少,信教与否,完全自觉自愿。在校4年多,我只参加过两次宗教活动,一次是在重庆的懿训女中听一位神学院的牧师讲道,他演讲的题目是否认"There is no God",哲理深奥,我听不懂,因此对我没有说服力;另一次是在汉口本校的礼拜堂,这次是出于我的好奇心,只想见识一下礼拜的仪式和活动内容而已。

重视英语教学,是教会学校的特点之一。其他课程不及格可以补考,但英语不及格就得留级,因此,学习英语的风气在博中很浓厚,博中也很讲究教学方法。我在汉口读高一时,就有3位老师讲授英语,英国人白格里先生教文章(我还记得第一篇文章的题目为"North star"),他的太太英籍华人林明德老师教朗读和会话,教务主任周鼎老师教文法(他那慈祥的面孔和诲人不倦的精神至今仍深深地留在我记忆中)。我现在之所以能在频繁的各种国际学术活动（包括学术讨论会、合作研究、技术指导、撰写论文等）中运用英语进行交流，主要是在母校的学习给我打下了良好的基础。

在重庆博中，生活很紧张但有节奏，晨6时响起床钟，10分钟后，在操场集合做早操。训育主任胡必达老师总是在起床铃一响就马上赶到学校宿舍，检查睡懒觉的学生，他手里拿着一根竹条，敲打那些还在睡觉的学生的铺盖，催促他们起床。某晨，几个顽皮学生捉弄老师，他们把几个枕头包在铺盖里，假装成一个学生在蒙头睡懒觉。胡老师走进来，用力敲打那铺盖，但没有反应，掀开一看，才知道上了当。当时，我们几个学生既高兴又恐惧，不敢出声，生怕老师追究并处分，但胡老师并不以为然，只是笑了一下，于是大家才哄堂大笑。

1946年秋，大概是联合国善后救济总署，它们给学校送来一批所谓救济物品，即一些破旧的衣服和鞋袜。起初，几个同学穿上高跟鞋、女式花衣和裙子，扮出各种怪模样和做出各种怪动作，引得大家啼笑皆非。随后，同学们就把这些东西付之一炬，以示抗议。

1947年6月，湖北省举办全省运动会，学校挑选了十几名体格魁梧的同学参加汉口市的游泳选拔赛。我非常喜爱游泳，便向体育老师周庆宣报名，要求参加预选。他朝我打量了一番后，摇头说："你个子太小（当时我尚未发育），没有体力，不行！"次日早晨，周老师带队在前，10多个彪形大汉每人骑一辆自行车，奔向市内某游泳池。为了贪玩和看热闹，我偷偷跳上最后一名同学的单车后座，待到达预赛场地，周老师发现了我，便笑着说："你既然来了，就试试吧！"结果，出乎大家的意料（包括本人在内），我竟在汉口市的预选赛中获100米和400米自由式游泳两项第一名，而其他同学都名落孙山。从此，体育老师对我刮目相看。不久，我便在武汉东湖举行的全省运动会中取得两块游泳银牌，为学校增添了光彩。我们回校时，受到了热烈欢迎。同学们在博中门口把我抬起来，向空中抛了好多次。

　　写下上面几个小片段时，思绪一下子回到了在博学广场和礼堂贵宾室与"家门市长"袁善腊的两次谈话。谈到北京协和医院几次易名（"文革"期间曾因政治需要易名为"反帝医院"而中断了国际资金援助，恢复原名后，国际援助资金又源源不断地注入）的得与失，考虑到博中的深厚文化底蕴，曾为国家培养了大量人才，我曾建议地方政府，在我参加110周年校庆典礼之前，最好能恢复博学中学的校名，打造全国一流名校，这个提议当即得到了袁市长和王书记的赞同，表示"一定全力支持！"，并说在我下次回校前一定恢复老校名。想到我在有生之年，能够看到母校重振昔日雄风，跻身于全国一流名校之列，实现众多老校友的心愿，我由衷地感到欣慰。

　　在母校110周年校庆之际，应母校校庆筹委会的征文邀请，我以这篇小文向母校交一份"作业"，并表示对母校的感激之情。

附录三　校友总会赠予袁隆平的书法作品
　　——《隆平赋》

隆平赋

尧舜以降，生民多悲；抚禾而望长，临灶而待炊。斯衣食之于黔首，犹游鱼存乎辙水！言我袁公，载梦载追，不慕虚荣，唯图实惠，妙思乎基因之嫁接，旋踵于田间之稻穗，育良种于杂交，解世忧于饥馁！

帅哥未老，雄心遄飞，千八百之亩产拿下，地球村之国界衰颓；乘凉之躺椅置于何处？稻树之浓荫何其芳菲；遐想渺渺而远逝，硕米甸甸而下垂！盖地而来之赞誉，不在视野之范围。众黎庶赞米菩萨，微斯佛其谁与归！

附录四　博学·博仁·博爱之源[*]

世界上最亲切、最伟大、最神圣的名字，莫过于母亲和老师。因为母亲，是我们生命的缔造者和赐予者；老师，则是我们灵魂的抚育者和塑造者。故在怀念已别的慈母和久别的恩师之时，除了无限甜美、温馨、感恩的热泪和无尽的绵绵深情外，更蛰伏着儿时的曾经，收获着放飞的遐思，翱翔着永远的梦想……

慈母离我而去，也已二十七年；离别我的母校——武汉四

---

[*] 本文作者刘少斌系原国务院长江三峡工程委员会副主任，现世界浙商联合总会秘书长，中央党校、武汉大学特聘教授。

中（原博学中学）及恩师，转眼已五十余载。时间的流逝，确如荒江怒潮般地迅猛！当年打着红领巾上台演奏马思聪先生的小提琴独奏曲——《思乡曲》的我，转瞬间已是年逾古稀且玩电脑游戏屡屡失败后被我的小孙子称为"老年痴呆"的、名副其实的老朽！

我在张公堤畔这所绿荫覆盖的美丽校园里，学习、生活了整整六年。这六年，不仅是我长身体、增见识、学知识的黄金岁月，更是我启迪悟性、端正品格、磨炼意志的定型时期。忆往昔，每日晨曦的早锻炼，每晚夜灯下的晚自习；激情奔放的足球赛，精彩纷呈的文艺汇演；更有那古楼悠然的钟声和恩师的笑颜……仍历历在目、清晰在耳，不仅洋溢着青春的无限活力，更弥漫着纯洁而又美妙的诗意。的确，这一切不仅令人情怀绵绵、感慨万千，更催人感恩、图报及燃起无尽的美好追忆和联翩的神往……

回忆在母校六年的生活和学习，我觉得最大的收获有三点：第一，深刻地认识到"知识就是力量"的真谛；第二，深刻地体悟到人品比知识更重要的道理；第三，深刻地领悟到德才兼备才是正道的哲学思维。

老师教导我们说：英国哲学家有句名言是"知识就是力量"。其实，中国人早其一千多年就深知这个道理。孔子曰："学而优则仕。"（《论语·子张》）汪洙《神童诗》云："万般皆下品，惟有读书高。"并借此教育我们：古今中外，人们都必须充分地认识和明确，知识在各个领域中的重要性和先导地位。知识的空白，就是人生最大的悲剧。

现今是竞争的时代，而竞争的真谛是实力。那么，实力来源于何处？实力靠科技，科技靠人才，人才靠教育……一言以蔽之：知识就是力量！

当代，市场经济非常注重和讲究商业模式和产品质量。而我认为：人是最重要的产品，人的素质、质量最为重要。一个民族要想在世界上立于不败之地，就要靠人的素质的日趋完善和教育水平的不断提高，即只有高度的文化素养，才能真正地实现建国、兴国、强国和富国的理想，才能让现实比幻想更美好！

同时，老师还教导我们：人品比知识更重要！一个合格的人才，必须具备高洁的德行、道行、操行和品行。只有这样，才能换种思想看人性，换种角度看人生，从而产生新的感触和感悟，并以此去发觉和提升自己的品质、品格、品行、品位和品性，从而真正大彻大悟地成为一个好人。

那么，何谓"好人"呢？遵照恩师的教导，我认为是：具孔子、孟子仁政、中庸之"儒"，兼老子、庄子无为、玄妙之"道"，守孙子、三国运势、谋略之"法"，知古贤、圣哲广博、深邃之"理"，达明家、宗师授业、解惑之"范"之人；是居善地，心善渊，与善仁，言善信，政善治，事善能，动善时，行善果之人。换言之，即是能通情达理、礼贤下士，重天时、地利、人和之道之人。用现代标准来衡量，"好人"就是能挺直腰杆走路，脚踏实地办事，理直气壮说话，光明正大做人之人；就是能遵纪守法、严于律己、正直诚实、胸怀坦荡之人；就是能对党忠实，对人诚实，学习踏实，工作扎实，生活朴实之人——"毫不为己，专门利人"，"高尚的人，脱离了低级趣味的人"。

用中华民族的传统美德来讲，我认为：好人就是能身体力行"仁、义、礼、智、信""温、良、恭、俭、让"的"五常""五德"精神；能以"仁"为本，以"义"育人，以"礼"待友，以"智"创业，以"信"为诚之人；就是能够讲究和崇尚"和为贵"，谋于"智"、行于"义"、施于"礼"、守于"信"之人；就是能够秉"仁"、明"义"、奉"礼"、谋"智"、执"信"之人……

只有这样的人，才能具备高尚的人格，端正的品行，并以一种高度的责任感和使命感，感恩社会，追求卓越，不断跨越，成为建设"和谐"社会的栋梁之才。

老师还教导我们：学生必须德、智、体、美全面发展，必须品学兼优、身心健康。只有这样，才能净化心灵，美化情操，增进教养，升华品格，完善德行，秉行正道……

对照老师的教导，我曾在"名家讲坛"这样讲过："我历来把人分为四类，犹如品酒一样，德才兼备的，是极品；有德无才的，是正品；无德无才的，是废品；有才无德的，是毒品。"而且，我历来的用人、交友标准是："极品，重用、深交；正品，可用、可交；废品，不用、不交；毒品，禁用、远离、绝交。"

为此，我一辈子告诫自己：要低调做人，高调做事，不事张扬。古人云："谦者，众善之基；傲者，众恶之魁。"我认为：低调做人，高调做事，不事张扬是一种修养，一种风度，一种文化，一种现代人必备的品位。真正能够达到"风来疏竹，风过而竹不留声；雁过寒潭，雁去而潭不留影"的境界，那不就是成功、和谐、诗意和享受吗？何乐而不为？

人生的成败有两个关键点：一是做人，二是做事。低调做人，才能保持人生不败；高调做事，才能成就大业。的确，高调做事，能让你出人头地；低调做人，能让你少遇阻力。即可谓：高调做事出成绩，低调做人出奇迹。

我还认为：有了这种人格品位，就能够心想事成。其实，"心想"只是一种前提，如果没有"心想"的意念，自然就不会产生"事成"的结果。创新思维的开启，同样始于创新的意念，有了创新的意念，才能将创新更好地付诸行动。所以说，思维是一种心境，是一种妙不可言的感悟。这种感悟，没有高尚、纯洁的人格品位是不会产生的。

由此可见，对于一个人的一生而言，知识是多么重要，而人品比知识更重要；然而，素质、人格、品味、心境，则更是决定人一生成败的前提和关键。

……

离开母校五十余年，我也已七十三岁高龄，似乎一切均已"俱往矣"！但是，我始终没有忘记母校的温馨和恩师给予我的教导，而且，还将以此为忠言、善导和准则，指导我及我的儿孙们继承、发扬下去，并与大家共勉。

综上所述，的确，我的母校，堪称"博学·博仁·博爱之源"，因为她将绵绵的人文情怀升华为理性的哲学思维，教导了我们,点化了我们,成就了我们。因此,我们不仅将永远地怀念她、感谢她,还期待她抚育和塑造出更多、更优秀的"博学·博仁·博爱"之新秀,从而能将世界引向中国,让中国领航世界,创造出更美好的明天和灿烂的历史!

情怀绵绵念母校,深情无限谢恩师!

史话编辑部

主　　任　宋月华

副 主 任　黄　丹　杨春花

成　　员　（以姓氏笔画为序）
　　　　　　王　和　王玉霞　刘　丹　孙以年
　　　　　　连凌云　范明礼　周志宽　高世瑜

行政助理　苏运才

图书在版编目(CIP)数据

武汉四中史话/朱天元,王先海编著.—北京:社会科学文献出版社,2014.12
 (中国史话)
 ISBN 978-7-5097-6435-0

Ⅰ.①武… Ⅱ.①朱… ②王… Ⅲ.①中学-校史-武汉市 Ⅳ.①G649.286.31

中国版本图书馆 CIP 数据核字(2014)第 201200 号

"十二五"国家重点图书出版规划项目

中国史话·文化系列
武汉四中史话

编　著／朱天元　王先海

出版人／谢寿光
项目统筹／宋月华　谢　安　　责任编辑／王玉霞

出　版／社会科学文献出版社·史话编辑部 (010) 59367215
　　　　　地址:北京市北三环中路甲 29 号院华龙大厦　邮编:100029
　　　　　网址:www.ssap.com.cn
发　行／定制出版中心 (010) 59366509　59366498
　　　　　市场营销中心 (010) 59367081　59367090
　　　　　读者服务中心 (010) 59367028

印　装／三河市尚艺印装有限公司
规　格／开本:889mm×1194mm　1/32
　　　　　印张:5.5　字数:116 千字
版　次／2014 年 12 月第 1 版　2014 年 12 月第 1 次印刷
书　号／ISBN 978-7-5097-6435-0
定　价／25.00 元

本书如有破损、缺页、装订错误,请与本社读者服务中心联系更换

▲ 版权所有 翻印必究